蒲公英

非正规学前教育丛书

JIANMING YOUERYUAN GUANLI

简明幼儿园管理

组编/ 北京师范大学流动儿童教育问题研究中心

编著/ 张 燕　刘 莉

北京师范大学出版集团
BEIJING NORMAL UNIVERSITY PUBLISHING GROUP
北京师范大学出版社

图书在版编目(CIP)数据

简明幼儿园管理/张燕,刘莉编著. —北京:北京师范大学出版社,2016.6(2019.6重印)

ISBN 978-7-303-19898-6

Ⅰ.①简… Ⅱ.①张… ②刘… Ⅲ.①幼儿园-管理 Ⅳ.①G617

中国版本图书馆 CIP 数据核字(2015)第 287555 号

营销中心电话　010-58802181　58805532
北师大出版社高等教育分社网　http://gaojiao.bnup.com
电 子 信 箱　gaojiao@bnupg.com

出版发行:北京师范大学出版社　www.bnup.com
　　　　　北京市海淀区新街口外大街 19 号
　　　　　邮政编码:100875

印　　刷:北京京师印务有限公司
经　　销:全国新华书店
开　　本:890 mm×1240 mm　1/32
印　　张:6.625
字　　数:190 千字
版　　次:2016 年 6 月第 1 版
印　　次:2019 年 6 月第 2 次印刷
定　　价:14.00 元

策划编辑:罗佩珍　　　　责任编辑:薛　萌
美术编辑:焦　丽　　　　装帧设计:锋尚制版
责任校对:陈　民　　　　责任印制:陈　涛

小的是美好的

记得大约十年前，四环游戏小组创办的时间还不长，我偶然在书店看到《小的是美好的——一本把人当回事的经济学著作》这本书，立刻被书名吸引，买了下来。这是英国人舒马赫写于20世纪70年代的一本书（译林出版社翻译出版）。作者呈现了全新的思考方向，即基于对西方工业化的批判，提出了如何生活才是值得与快乐的命题。

舒氏提出了中间道路，认为发展中国家不应再步发达国家黑色工业的后尘，其结果必然带来资源耗费、污染加剧、贫富差距加大、南北冲突等问题，甚至出现恐怖主义盛行的趋势。不幸的是世界进入21世纪，舒氏的预见一一应验了，并且一再被现实验证。舒马赫提出的新的发展道路以三个问题为中心：一是以人为中心；二是把发展作为一种循序渐进的进化，从教育等非物质问题入手；三是把发展重点放在农村，强调小的优越性，注重小巧的工作单元和善用当地人力与资源的地区性工作场所等。经济社会就是人的社会。《小的是美好的》不仅对经济学极富深意和颠覆性，对于其他学科也具有启发性。

舒马赫的《小的是美好的》可以说是从另一种视角阐发了四环游戏小组存在的依据和四环行动的意义。作者30余年前的著作今天读起来依然感到切中时弊、发人深省，真正的经典、大师不会因时间的流逝而失去影响，而是极具前瞻性、预见性，历久弥新的。四环游戏小组创办的出发点是为了流动的学前儿童，是为了给流动儿童

— 1 —

学前教育问题探寻一条解决途径，寻找不同于城市托幼服务形式的另一种可能。四环游戏小组是应农民工家庭化涌入城市而出现的学龄前子女的托幼服务需求而生，最初是零起步，没有经费和物质条件，我们就地取材、能者为师，基于库姆斯在《世界教育之危机》中倡导的非正规教育理念而创办起来。它如同一颗蒲公英种子，随风飘落，落地生根，受到了孩子及其家长的欢迎，参与程度逐步加深，大学生志愿者也越来越认同并前赴后继接力，因而一直得以持续。然而，一直以来这种非正规形式并不为体制所理解，被认为是不合标准；四环行动也遭另眼看待，被认为是不务正业。正在这时我读到这本《小的是美好的》一书，感到与此书相遇相知冥冥之中是一种缘分，庆幸能与作者隔空对话。

如今，四环游戏小组已经走过了 12 年整整一轮的历程，如同一个蹒跚学步的婴儿成长为翩翩少年，同时也表明这种办园形式是可行的和有生命力的。十多年办学经历让我对幼儿教育有了更加深入的认识和理解，也更加验证了《小的是美好的》中把人当一回事的发展道路。这里，结合什么是好的幼儿教育，谁能够提供好的教育等提出几点来自实践的思考。

一、教育是生命事业，小的是美好的是幼儿教育的真谛

教育面对的是一个个幼小稚嫩的生命和真实具体的儿童，需要耐心和细心，精心呵护，注重细节；面对生命现象要讲究小而精，注重个别差异和有针对性地教育。教育是"生命"的事业，要像农业而不是工业，不宜强调规模、标准和搞流水线，而只有小的、家庭式、微型化的幼儿园，才有可能关注到每个个体，发现和尊重孩子的不同特点，实施因人而异的养育照料。教师要面对每个孩子及家庭的独特性，用心呵护生命，用真情唤醒生命，同时要能够唤醒家长第一任教师的教育主体意识。世界上公认的好的学校，如夏山学校、森林小学等都是小的，只有几十个或百十个孩子。好的幼儿教育并非取决于物质的丰沛、场地设施的豪华，而是以人为中心，以孩子的根本利益作为出发点，充满人性和人际互动的情感温度。

二、小的是美好的，幼儿教育要回归常识和朴素生活

幼儿教育"小的是美好的"，出发点不是物质而要回归常识和人性，以人为中心，回归教育本源。早在新中国成立之初，国家就明确了幼儿教育的发展方针，20世纪80年代进一步明确为"动员和依靠社会各方面力量，多形式多渠道发展幼儿教育"。从20世纪50年代直至90年代，这一方针得到了比较好的贯彻，实践中涌现出不同办园主体和多样化不拘一格的办园形式，包括小的家庭幼儿园、托儿中心、联办园、流动大篷车等，化解了先后两次入园需求高峰。舒氏对教育寄予希望强调发展应从非物质问题入手。反观我们当下教育却日益异化，有关在园孩子数量、入园率、优质园等数据不断上等级，所谓跨越式发展，近年投入大大增加，甚至"不差钱"，但并没有用在最需要的地方，而是加大了城乡差距和贫富差距，旧的问题没有得到解决，还催生了新的矛盾。最豪华的幼儿园不在发达国家，而是出现在社会主义初级阶段的中国，极具讽刺意味。幼儿教育发展中看不到人，看不到孩子。以规模和硬件作为衡量的标准，概念和数字充斥，高大上的背后映射出好大喜功的政绩工程，工业化发展方式不仅不可持续，反而人为制造了诸多隐患。幼儿教育发展迫切需要回归常识，回归朴素生活。

幼儿教育是社区生活的有机组成，是为解决社区居民需求，适应当地实际条件同时利用地域资源兴办和存在的。幼儿园是依托社区的具有福利性的托幼服务组织，要为孩子及其家庭、父母提供就近便利的服务。乡村是"因为在一起生长而发生的社会"（费孝通《乡土社会》），幼儿教育要能够融于地域环境乡土文化和社区生活，同时吸引家长和社区公众参与建设，"举全村之力"，共享共建。

三、小的是美好的，幼儿园应成为孩子的另一个家

幼儿教育是生活实践，应成为孩子的另一个家，有着如同家庭

般的人际氛围，充满人性和亲情，而不是科层化的官僚组织，不宜过度强调制度规范，要让孩子感到温暖和有安全感，能在这里快乐生活和游戏。幼儿园要围绕孩子的年龄特点和生活经验，注重生活能力和行为习惯的培养，要特别关注个体和细节。单位所有、关门办园，把幼儿园看作孤立的教育机构是不妥当的。幼儿教育要向社区开放，园所及其教师与孩子家庭互动密切，联系频繁，家长及社区公众参与教育过程，如同邻里之间守望互助，参与者相互之间基于理解和信任，产生认同感，逐步形成育儿共同体。

四、小的是美好的，幼儿教育应因地制宜，"一方水土养一方人"

舒马赫明确发展要以人为中心，要考虑人与环境、资源等的关系问题，不宜以过度的物质消耗为代价。幼儿教育发展脱离当地实际，搞一刀切、标准化是错误的，而需要因地制宜，要能够适应各地环境条件及需求的差异性，兴办多样化的教育形式。当下中国幼儿教育发展重点在农村。农村幼儿教育发展更应强调"小的是美好的"，要根据当地人口特点——居住相对分散，人口密度小，考虑地方经济条件及独特的自然地理环境，善用人力物力资源与乡土民俗，就地取材、能者为师，发挥农村特有的优势，兴办具有地域特点的幼儿园。幼儿教育要适合当地自然生态环境，适合当地人生活的就适合于教育，"一方水土养一方人"。

幼儿园与孩子家庭的距离以步行为宜。规模化或者集中办园的方式是人口密集的大中城市的做法，不适于中小城镇和农村，与就近便利原则相悖，给家庭制造了麻烦，接送或陪读等不仅会加大家庭的教育成本，还可能带来风险如不应有的校车事故，伤害孩子。

五、小的是美好的，教育应回归民间，激励更多有志者聚精会神做教育

中国历来有民间办学传统，所谓学在民间，而不是政府垄断。

本届中央政府特别强调坚持群众路线，承认"高手在民间"。"小的是美好的"，意味着教育要回归民间。要吸引和鼓励更多有志者特别是年轻人去探索，立足长远，扎实行动，下真功夫，功到自然成，创办出差异化、多样化和丰富性的幼儿教育。农村是当下幼儿教育的发展重点，农村幼教的发展期待更多人的参与，就业创业，投身其中，走出一条不同于城市的平民化幼儿教育之路。

不是只有师范院校的毕业生才能成为教师或适合做教师。要让真正喜欢孩子和真心愿意做幼儿教师的人来从事，他们可以从工作本身获得足够的成就感和乐趣。"教育本身就是报酬"（杜威）。非正规教育的一个重要特点就是能者为师，因而不宜以科班和学历作为硬性的绝对化的条件。国外幼儿园师资很大一部分来自家长，妈妈老师有育儿实践，其双重身份有益于读懂孩子，四环的经验也验证了这是幼教师资不同于中小学教师的独特性，可以通过园本教研，引导他们做中学，不断提升教育能力。幼儿教育以非正规教育作为基本形式，要提倡多元化的师资来源，更要重视来自受益人群的自身力量，激发其教育主体意识和文化自信，采用适宜于他们需要的培训，使内生力量不断增强、壮大。

现实中大量民间兴办的自办园，包括城市中面向流动儿童的自办园和乡村中的幼儿园，是因需而生的，其中不乏一些兴办者基于自身情结当做事业来办的，多年持续努力不放弃。要激励和倡导当地或回乡年轻人根据现实环境条件和自己的长处，在实践中学习和不断探索，不为外界的诱惑所干扰，拒绝功利，专注地聚精会神地做教育，长期坚持，创建有灵魂的幼儿教育。

好的教育不是绝对化的、千人一面的；好的幼儿教育也不应是官方钦定的或是专家赐予的。教育即生活，意在它是平民化的，每个普通人都可以去做，从小事、从点滴做起，在自己选择和认定的工作中，在行动基础上结合阅读用心思考，慢慢积累和不断修炼，就能够不断推动教育实践的改变，并能在与孩子互动和共同生活中，收获快乐和自我成长。

六、关于本书内容结构与编写特点

本书是在近年来幼儿教育大发展、农村幼儿教育成为重点的背景下，特别针对我国地域广大、发展不平衡，城乡差距拉大，现实中存在大量小型自办园的实际状况而编写的，多年来各地有益的实践探索和成功的案例经验也为本书的编写提供了依据。教育要适合孩子，而不是让孩子去适合教育。农村幼儿教育照搬城市的标准化、正规化的做法显然是不适宜的。举办和发展幼儿教育应提倡以非正规为主，强调"基本、够用、适用"的原则，回归常识和生活——"小的是美好的"。

1. 内容简明，具基础性

《简明幼儿园管理》全书内容由六个章节所组成。第一章和第二章着重阐述幼儿教育和幼儿教师的基本问题，从理念上指导幼儿园保教管理工作，使保教人员了解幼儿园的发展历程，树立正确的教育思想。

第三章从幼儿园环境规划的理念出发，介绍了幼儿园选址、房舍场地条件、设备配置等比较具实操性的内容，提出的要求也是最基本、最必要的；还总结了开展班级管理的必要事务，如编班、建立名册、制订班务计划、规划活动室及家具设备等。第四章幼儿园保育与教育，是幼儿园管理的核心内容。保育与教育必须以幼儿身心发展的特点为依据和前提，幼儿园教育因其对象发展的独特性，强调保教结合。首先要注重幼儿的日常生活护理，合理安排一日生活，在细致照顾的同时加强生活指导，培养幼儿生活能力和养成良好习惯等。幼儿阶段的重要任务是体格锻炼，可以提供发展的物质基础，介绍了相关的活动内容和指导要点。安全工作是幼儿园管理不容忽视的环节，着重提示了增强安全防范的操作性途径。幼儿园的教育活动的开展要贴近孩子的日常生活，书中从基本原则、内容选择、组织形式等进行了系统阐述。第五章为幼儿园家长工作，既有比较前瞻的理念和观念的指导，也呈现了适宜开展的多种家长工作方式方法。第六章为幼儿园教研工作，目的是帮助幼儿教师立足实践现场，边做边学，教学做合一，在实践中不断提升职业能力。

2. 方式简易，便于操作运用

本书主要是根据广大农村和中小城镇学前教育发展的实际情况，在基本理念的指导下，提供了具有可行性的操作方式。使幼儿教师拿来就可以用，在工作中实践、操作运用。每一章节穿插与内容相关的资料链接（包括具体实例、活动设计、小故事等多种类型），后附案例以及相当数量具时效性的拓展阅读材料，有助于运用所学分析问题，并提供补充学习的便利，以开阔思路，获得启示和借鉴。

3. 理论结合实际，可读性强

本书力求理论与实践相结合，涵盖幼儿园管理最必要、最基本的内容，既有观念和思想的统领，也有具体的操作方式，很多内容方式是经过实践检验的。

在内容和文字表述方面，力求易于理解和付诸操作。对于具有基本文化水平的读者如初高中毕业的青年和家长而言，特别是自办园的教师，都具有可读性，便于他们在育儿实践中学习参考。本书主要读者对象是在职幼儿教师以及想要从事幼教工作的人员。

本书的编写基于实事求是的精神，历经数次修改，将编写过程就作为研究过程，并以实践中有效而成功的案例样本为依据，为城镇和农村幼儿教育的发展提供新的思路和多方面启示，希望有更多的实践和探索，使幼儿教育能够呈现出万紫千红、百花争艳的局面。

张 燕

2016 年 4 月

目　　录

第一章　幼儿园与幼儿园管理 /1

　　一、幼儿园及其发展历程 /2

幼儿园是幼儿的另一个家/幼儿园的发展历程/多样化的办园形式/

　　二、幼儿园管理 /14

幼儿园管理的基本理念/幼儿园管理的内容/幼儿园管理工作的组织与原则/

第二章　幼儿教师 /30

　　一、幼儿教师职业 /31

幼儿教师的职业特点/幼儿教师职业规范/幼儿教师的班级工作/

　　二、园长 /48

园长的设置/园长的工作职责/

第三章　幼儿园环境规划与班级管理 /57

　　一、幼儿园环境规划 /58

幼儿园环境/幼儿园的房屋场地与设施设备/

　　二、幼儿园班级管理 /62

编班，建立幼儿名册/制定幼儿一日生活作息制度/活动室环境设计/制订与实施保教计划/班级阶段性工作——入园、升班、毕业/

第四章　幼儿园保教管理 /91

　　一、幼儿发展的基本特点 /91

幼儿的生理发展特点/幼儿的心理发展特点/

二、幼儿园的保育工作 /95

建立生活常规，培养行为习惯/家园合作，培养幼儿的生活能力/幼儿不适宜行为的指导/加强幼儿体格锻炼/幼儿园安全工作/

三、幼儿园教育活动 /106

幼儿园教育活动的原则/幼儿园教育活动的内容/幼儿园教育活动的组织形式/幼儿园教育活动的开展/

第五章　幼儿园、家庭和社区 /137

一、幼儿园与家庭的关系——家园共育，同向同步 /138

家长是幼儿教师的教育合作伙伴/家长工作的任务/家长工作的原则/家长工作的主要形式/

二、幼儿园与社区的关系 /154

幼儿园与社区关系——双向服务，和谐发展/幼儿园社区工作的途径/

第六章　幼儿园教研工作 /165

一、幼儿园教研的主要内容和组织要点 /166

教研活动的主要内容/教研活动的组织要点/

二、教研活动的适宜形式 /172

撰写日志，反思实践/观摩活动，相互研习/例会教研，沟通分享/专题研讨，园本培训/以老带新，传授经验/拓展阅读，探寻真谛/

参考文献 /195

幼儿园是孩子们的第二个家，这个家意味着什么？

李镇西是这样说的："意味着爱心，每一个老师都发自肺腑地呵护着每一个孩子，每一个孩子都爱戴着老师，老师之间、孩子之间都互相依恋着；

意味着人情，真正的教育者应该拥有浓浓的人情味，即使是他严格要求孩子的眼神里也能读出最温柔的关切；

意味着温馨，每一个教育细节都闪烁着暖暖的阳光，无论表扬还是批评，充满了人性的温度；

意味着安全，没有恐惧的校园和教室，让孩子什么悄悄话都愿意给老师说，信任与宽容让彼此之间的心灵没有距离；

意味着自由，家园也是乐园，儿童的大脑、双手、眼睛、嘴，还有时间和空间都得到极大的解放；

意味着舒展，心灵飞翔，个性张扬，情感流淌，思想燃烧，创造的阳光洒满刚刚启程的人生……"

第一章　幼儿园与幼儿园管理

幼儿园是幼儿生活、游戏的乐园，幼儿在这里自由成长、释放天性、友爱互助；教师在这里积累教育经验，反思与成长，实现教师梦；家长在这里教育意识被唤醒，提高育儿能力，与幼儿共同成长。

一、幼儿园及其发展历程

幼儿离开家庭走进幼儿园，在一个新的环境中开始集体生活，对于幼儿来说这里就是幼儿的第二个家，"白日里的家"。幼儿一日生活在班级中进行，老师像白日里的妈妈一样照顾孩子；同时，幼儿园开展各项活动服务家长，引导家长，为家长提供交流与分享的平台。

幼儿园是幼儿的另一个家

本文中的幼儿园是以入学前的幼小儿童为对象，为他们提供看护和教育服务的各种类型的托幼组织或机构，而非特指以幼儿园命名的托幼机构。对于幼小年龄的孩子，幼儿园的环境需要像家一样的温馨，需要老师与幼儿更多的情感交流，让他们在充满爱的环境中成长与发展。幼儿是发展的主体，他们对周围的环境充满了好奇，喜欢探究，喜欢活动，需要老师提供自由探索的材料、时间、空间，满足他们成长的需要。幼儿是稚嫩的生命个体，发展不成熟，各方面能力有限，需要教师照顾生活，激发并增进他们各方面的能力，引导他们社会化。

幼儿园是孩子生活活动的场所。幼儿从早上来园到下午离园几乎一天之内的所有生活活动都是在班级里进行的，例如喝水、如厕、洗手，以及交流和游戏等，是幼儿走出家庭的另一个生活场所。轻松、快乐的班级环境能让幼儿产生安全感，建立同伴关系，较快地适应这里的生活。

幼儿园是孩子游戏活动的场所。游戏是幼儿的基本活动，他们是在玩的过程中探索和学习的，而不是被动地接受成人的知识灌输。游戏的过程就是学习的过程，幼儿在游戏中通过自己的感官探索周围世界，形成自己的认识，主动地思考问题，尝试着去解决问题，在游戏中积累初步的社会经验，获得愉快的情绪体验。

幼儿园是幼儿社会化的场所。幼儿在班级和群体中学习与同伴相处，认识自己与他人，体验他人的需要和情感，习得社会交往的技能，遵守日常生活基本的规则和行为要求，同时通过游戏获得学习的能力，为日后进入小学做好准备。

幼儿园是托幼服务的社会公共机构。 幼儿园担负着为幼儿提供保育教育服务的重任，同时，为家长参加工作和学习提供便利，使他们放心安心。幼儿园作为公共教育平台，也为家长朋友提供了分享育儿经验、探讨并解决育儿困惑的机会，家长参与幼儿园的活动，可以让自己从繁忙的工作中抽身出来，身心放松，在陪伴孩子的过程中再一次体验童年。此外，幼儿园还是社区的一员，作为文化辐射的窗口，立足于地域社会，可以发挥传播宣传、引导影响的作用，在与邻里公众分享科学育儿知识经验的同时，与家长和社区一起为幼儿的成长营造良好的社会大环境。

幼儿园的发展历程

幼儿园作为社会公共幼儿教育机构，是近代工业革命的产物，是伴随着社会经济发展自然而然出现的。

在工业革命之前，幼儿在家庭中得到照顾和看护，并在日常生活中随机接受教育。近代资本主义工业革命的到来改变了原有的生产方式，也带来了传统家庭的劳动分工形式的改变，越来越多的女性走出家庭，参与到工厂的社会化生产劳动之中，同时获得家庭经济收入。在此背景下，产生了对社会公共学前教育的需求。孩子的生活照顾、安全保障及教育提供等，从原来由家庭负担转而由社会公共托幼机构提供服务、给予支持。一些热心的社会人士、工厂主、宗教或社会团体创办了最早的社会托幼机构，把工人的子女集中在一起，提供简易的场所，给予孩子必要的生活照顾，帮助妇女解决育儿之忧，从而让她们更好地投入社会生产。社会公共托幼机构就这样应运而生。如英国的欧文于 1802 年在苏格兰创办了第一所幼儿学校，开创了对 6 岁以下儿童实施公共幼儿教育的先河。

初期的托幼机构具有比较强的慈善性质和福利性质。

1840 年，德国教育家福禄贝尔将自己创办的幼儿教育机构命名为"幼儿园"，此后"幼儿园"这一名称被普遍采用。福禄贝尔认为，幼儿园要帮助那些无力照顾孩子的家庭解决育儿的困难，同时要通过游戏来发展幼儿的力量，为幼儿未来的生活做准备。幼儿园是幼儿快乐成长的乐园，幼儿就好比是花园的植物，而教师是花园的园丁，教师教育幼儿的过程就像园丁培育植物生长的过程，需要适应它的自然发展规律。幼儿时期是人的发展过程中的重要阶段，影响后续的学习与发展。福禄贝尔认为，学前教育的重要性高于一切，是完整教育的组成部分，是人的教育的开始。

随着资本主义国家经济的发展、初等义务教育的普及，社会对幼儿教育的需求日益增强，人们对幼儿教育重要性的认识也不断提升。19 世纪末到 20 世纪上半叶，学前教育受到国家重视和支持，并制定相关政策，使之成为很多国家的一项公共事业。英国、美国、德国等国家设置专门的行政管理机构，制定了幼儿园等的管理条例，规范托幼机构的管理，幼儿教育的社会地位自此逐渐得到确立。

20 世纪中叶以来，有更多国家和地区摆脱了殖民统治，建立起独立的民族国家，随着经济的发展，也逐渐建立起自己的幼儿园教育制度。与发达国家相反，在这些国家或地区，幼儿教育机构的服务对象是从初期的以富裕家庭的孩子为主逐渐扩大到工农大众的子女，在入学前对幼儿进行保育和教育，奠定比较良好的发展基础。社会公共幼儿教育发展与各个国家的教育制度和儿童福利及社会福利制度密切相关。

幼儿教育机构的发展体现在规模的扩大与速度的加快，以及类型的多样化上。与此同时，在幼儿教育发展过程中，管理水平也不断得到提高。人们越来越认识到幼儿教育在整个教育系统乃至人的终身发展过程中的作用，以及对社会经济发展和社会稳定的价值，自发达国家开始的学前教育普及化的运动，使得托幼机构的教育功能日益得到重视。幼儿园等幼教机构的社会功能逐步从过去的以福利性、慈善性为主，转变为兼有福利性、公益服务性、教育性、补偿性、衔接性、社会性等多重功能。

　　我国幼儿教育的萌芽在清朝末年，是在教育救国社会背景下向西方学习过程中的"舶来品"。鸦片战争的失败让国人开始反思中国传统文化、教育制度存在的问题，主张西学东渐；清朝政府也希望通过改革教育制度来增进国力、培养人才，从而掀起了改革封建教育、学习西方国家创办新式学堂的思潮。在这一背景下，1903 年我国第一所官办幼稚园——湖北幼稚园在武昌成立。此后全国各地的"蒙养院"在这股热潮中出现。清朝末年，国家出台了设置学前教育机构的文件，如《奏定蒙养院及家庭教育法章程》将学前教育机构命名为蒙养院，《壬戌学制》改称幼稚园，确定了学前教育在学制中作为国民教育第一阶段的地位。

　　在半殖民地、半封建社会的中国，由于国家政治经济的积贫积弱，幼儿教育发展极为缓慢，至新中国成立之前，全国仅有一千余所幼教机构。当时的幼稚园等机构多集中在东部沿海地区，不仅数量少，而且主要是为官僚子女和富裕家庭的儿童服务，是有钱有权阶级享有的专利，与平民百姓子女无缘，极少数慈善机构除外。20世纪二三十年代，陶行知、陈鹤琴、张雪门等在躬身实践的基础上，对学前教育目的、课程等进行了理论研究和探索创新，提出了学前教育平民化的办学主张。陶行知特别批判了当时的学前教育存在的"富贵病、外国病、花钱病"，明确"教育要面向大众"；陈鹤琴提出了"活教育"思想，主张教育的目的是要培养现代中国人，要从大自然、大社会中选择教育内容；张雪门提出"行为课程"，倡导幼儿在行动中学习等。这些都是我国学前教育的宝贵财富，在今天的幼儿教育改革和发展中仍不失其指导意义，尤其是为现阶段我国纷繁杂乱的学前教育提供了极好的思想资源。

　　新中国成立之后，我国进入了崭新的发展时期，学前教育获得较大规模的发展。国家通过相关政策的制定，首先明确了面向工农大众的教育方针，在学习苏联的幼教理论和继承老解放区办园的优良传统的基础上，逐步创办和建立起中国幼儿教育体系。幼儿教育被确定为我国学制的第一个阶段。五六十年代，陆续制定了一系列学前教育的政策和法规，在幼儿园的设置、教育内容、保教人员职责等方面加以引导和规范，学前教育事业得到发展，形成了基本完整的我国幼儿教育制度和体系。中国幼儿教育的发展走过了一条从大中城市到周边，再到农村的路径，对国家经济建设和社会发展起到了重要的推动作用。

随着改革开放的进程，国家确立了符合国情——人口众多、经济落后、发展不平衡的现实——的幼儿教育事业的发展方针，即"动员和依靠社会各方面力量，多渠道、多形式发展幼儿教育"，将学前教育作为基础教育的组成部分。城市各种类型幼儿园如雨后春笋般涌现，如家庭托儿所、社区亲子中心、游戏小组等；而农村则以"群众集体办园为主，充分调动社（乡）、队（村）的积极性"为指导，因地制宜的探索出了很多具有生命力的幼儿教育组织形式，例如草原流动大篷车、家庭幼儿园、巡回辅导站、社区亲子中心、玩具图书站、家长互助小组、游戏小组等，这些非正规学前教育形式，因其具有适合当地人口、生活习惯、自然地理条件及社区资源等特点及优势，正在发挥着重要的作用。

世纪之交，伴随经济体制改革和市场经济的发展，生产力进一步得到了解放，极大限度地调动了民间办园的积极性和创造性，所谓"高手在民间"，幼儿教育获得了更大的发展，表现为兴办主体和资金来源趋于多元，办学形式不拘一格、色彩纷呈，满足了社会日益多样化的社会需求。当下，在国务院《国家中长期教育改革和发展规划纲要（2010—2020年）》颁布和执行的背景下，农村幼儿教育得到了进一步关注和重视，成为国家发展幼儿教育的重点。

多样化的办园形式

从世界范围看，幼儿教育机构呈现多形式多功能，办学形式日益多样化、灵活化，机构趋于微型化和家庭化，同时社区学前教育得到发展，倡导多种社会力量的参与，拓展幼儿教育的服务功能。

我国各地因地制宜地发展学前教育，创办了与当地居民人口相适应的托幼形式，结合当地服务对象的需求、地域的生活习惯、社会习俗与文化资源，多样化地发展幼儿园的办园形式，拓宽幼儿教育的服务范围。

半日制与全日制幼儿园是从服务时间上加以区分的。半日制幼儿园幼儿来园半天活动，或是中午回家吃饭，下午再来半天；全日制幼儿园的幼儿通常在园生活一整天，幼儿园提供一餐两点或三餐一点，通常是根据当地习俗、实际条件及家庭需要而确定是否提供餐点等服务内容。

从幼儿园制度化程度方面，有正规幼儿园和非正规幼儿园之分。人口密集的城市地区一般以正规幼儿园为主，组织化制度化程度比较高；而在小城镇、农村地区相对而言非正规幼儿园更适合，如巡回辅导班、家长活动站、社区亲子活动中心、流动大篷车等，可以适应差异化的需要，便于幼儿就近入园和家长的接送。当然，在我国城市中因需求的不同，也存在面对散居儿童、社区儿童的亲子园、家庭托儿所、妈妈互助小组等一些非正规学前教育机构。

稚嫩的生命需要精心呵护。规模小的幼儿园成人可以关注到每一个幼儿，师幼互动频率高，有益于进行个别化的指导，同时有针对性地与幼儿家庭沟通。幼儿园的类型以小型的、家庭式的为宜，而不应以规模取胜。幼儿是稚嫩的个体，需要成人像妈妈一样的呵护关爱，小型幼儿园更适合儿童发展的需要。特别是在农村等地区，由于人口分布相对分散，应根据实际情况因地制宜地设置小型幼儿园，既能让幼儿就近入园，也能激发家长参与和发挥邻里互助的作用，而不宜以追求规模效益，将几个村的幼儿集中在一起办成规模的幼儿园。幼儿园与家庭的距离应是适合步行的，校车的采用既增加了家庭的教育成本，同时也增大了风险和不可预知的隐患。国务院《国家中长期教育改革发展规划纲要》中提出我国学前教育发展的重点在农村，根据农村的人口分布、生活方式、丰富的乡土资源，更应该提供适宜的就近便利的托幼服务。

实践中存在着各种形式的托幼机构，这些不拘一格的幼教形式是民间的创造，是应需而生的。通常是以社区为依托，灵活性强，能够就近便利地为家庭提供幼儿看护和教育服务，解决家长工作的后顾之忧。形式灵活多样的幼教机构也有利于调动各方面的力量，发挥社区中心和邻里守望互助的作用。幼儿园在提供托幼服务的同时，还担负着指导家长科学育儿、发挥教育机构专业优势的作用，街巷或是乡村中的幼儿园，可以密切与社区家庭和邻里间的联系沟通，进行育儿宣传，引导教育方式的改进，共同为幼儿的健康成长营造良好的社会环境。

资料链接 1.1

非正规学前教育——四环游戏小组的实践

我们常常认为幼儿园应该是这样的：固定的活动场所、专业的人员、标准的培养计划、统一的评价，这才是幼儿的乐园。其实不然，这种正规的幼儿园正越来越受到挑战，因为每一个幼儿都是独特的，每一位家长都是最好的老师。随着"终身教育"思潮的发展，人们认识到教育贯穿人的一生，教育存在于学校、家庭、社区，教育与生活统一在同一过程中。因此，非正规学前教育悄然兴起，因其办学灵活、适应需求、因地制宜、融入生活、社区等特点，正受到人们的青睐。很多热爱幼儿事业的社会人士开展了非正规学前教育的探索之旅，例如"玩具图书站""四环游戏小组""妈妈互助组"等，与正规托幼机构共同承担起幼儿教育的责任。

四环游戏小组由北京师范大学学前教育系师生于 2004 年 4 月 7 日建立，致力于为农民工子女提供补偿性的学前教育。四环游戏小组主要以大学生为志愿者，依托四环社区，吸收社区退休教师为志愿者，充实人力资源；利用周边自然资源——后海，扩展活动空间；游四环农贸市场，从生活中寻找教育资源，充分体现了非正规学前教育的理念——民间力量办学，应需而生；因地制宜、就地取材开展活动；邻里守望，相互照应，共同看管孩子；开门办教育，打破幼儿园与周围环境的藩篱，体现开放与融合。

四环游戏小组在十年的实践中，不断实践——反思——实践，探索前行，逐渐摸索出了一条适合农民工子女特点的学前教育之路。农民工子女具有农村儿童的自然朴实、自由独立、好动奔放的特点；由于长期生活在城市的边缘，对城市生活、交通安全并不熟悉，同时对农村对家乡的认识也逐渐模糊，在情感上细腻且敏感。因此，游戏小组采用混龄编班，所有的活动都是以游戏的形式开展，充分发挥幼儿的天性，让幼儿在玩中得到释放；以周围的自然环境、生活环境作为课程的来源，让幼儿在生活中、游玩中认识田园事物，感受自然和季节的变化，体验人际关系的互动，从而帮助儿童形成热爱自然的情感，获得学会交往的能力，培养幼儿好奇好问的探索精神，养成文明开放的良好品质。

为农民工提供育儿服务体现了为家长服务的宗旨，但是服务家长不是替代家长，更不等于幼儿教育的职责都全部交给老师。四环游戏小组坚持"家长是幼儿第一任教师"的理念，相信家长有能力教育好孩子，因此，四环游戏小组通过组织"家长老师""家长玩教具制作""家长学堂""亲子故事大赛"等多种形式的活动，让家长从最简单的日常生活和游戏入手参与子女的教育，激发家长的教育自信，提高家长的教育能力，提供家长们相互分享育儿经验的平台，发挥每一位家长的教育潜能，使家长成为非正规教育的主体，承担起育儿的责任，实现"爱心、自立、分享、共建"。

此外，四环游戏小组是大学生教育实践的基地，在实践中运用并检验所学的理论；提供了大学生行动研究的机会，在实践中产生问题意识，探寻现实问题的可行性解决方法；也是大学生学以致用、回报社会、承担社会责任的体现。

资料链接 1.2

适应不同需要的多种学前儿童保教形式

中国学前教育的发展受到人口和经济两大因素的制约。经济的发展、国力的增强需要一个过程，而儿童的教育和成长是不能等待的。因而，在积极发展正规化的学前教育的同时，发展非正规化的学前教育已成为当前的急切任务。我们"学前教育多种保教形式"课题组，从江苏省的实际出发，积极探索了以幼儿园为核心的多种学前儿童保教形式，以便在学前1~2年教育已基本解决的地区，能通过非正规形式让散居幼儿有机会接受一定程度的学前教育。

（一）让更多的学前儿童接受不同程度的教育

1992年，中国政府正式颁布的《九十年代中国儿童发展规划纲要》(以下简称《规划纲要》)规定，到20世纪末"2~6岁幼儿入园（班）率达到35％"。这就是说，到20世纪末，即使实现了《规划纲要》的目标，还将有65％的3岁以上幼儿及大多数3岁以下幼儿不可能在正规的学前教育机构中接受教育。为此，必须坚持"动员社会力量，多渠道、多形式地发展幼儿教育"的方针，为更多的学前儿童提供受教育的机会。

（二）以幼儿园为核心的多种学前儿童保教形式

中国幅员辽阔、人口众多，发展学前教育必须从民族特点、各地区的经济条件和文化背景出发，采取适应不同需要的多种形式，使处于不同情况的学前儿童都能受到一定程度的学前教育。以下介绍的几种非正规学前教育形式，分别在江苏省经济文化较发达的锡山市洛社镇和武进市奔牛镇、经济文化发展水平一般的邗江县公道镇及经济欠发达的睢宁县桃园乡后台村进行了实验。

1. 农村幼儿教育综合实施模式

我们以村幼儿园（班）为核心，依靠村民委员会、小学等各种社会力量，建构农村幼儿教育综合实施模式。这一模式包括以下情况。(1)幼儿混合班：对全村4~6岁幼儿进行正规学前教育。(2)保教小组：以自然村为单位建立保教小组，对0~4岁幼儿进行非正规学前教育。(3)幼儿家庭教学点：对0~6岁幼儿进行家庭教育。每月由幼儿园（班）组织一次活动。让0~6岁未入园（班）的幼儿及其家长参加。

2. 送教上门的教学点

将离园较远而不能入园的5~6岁幼儿组织起来，每周活动3次，由幼儿园教师送教上门，每次活动 1 小时，教学点设在幼儿家里。

3. 大带小的活动小组

在幼儿园教师指导下，让三四年级小学生或幼儿园大班幼儿将尚未入园的 3 岁左右幼儿组织起来，每周活动 1～2 次。活动大多在散居的学前儿童家中或院子里进行，时间选择在小学生放学后。活动时，学前儿童的爷爷、奶奶参与照料。

4. 散居幼儿定时、定期到幼儿园（班）活动

（1）散居幼儿每周到幼儿园生活一天。

（2）一些经商者、打工者带着孩子在各地流动，镇中心幼儿园利用本园幼儿中午休息或放学后的时间，将流动者的孩子集中起来，让他们每天或隔几天来幼儿园，由幼儿园教师给予 1～2 小时的照管和教育。

（三）以幼儿园为核心的多种学前儿童保教形式的优势

1. 有利于散居幼儿受到一定的学前教育

在农村，3 岁左右的幼儿多由成人在家里养育。通过保教小组、活动小组等形式的教育，使散居幼儿由胆怯内向转变为大方合群、懂礼貌、讲卫生，培养了他们积极向上、愉快活泼的个性，加速了他们社会化的进程。

2. 有利于提高家长的素质

农村幼儿的家长多数文化水平低，缺乏幼儿保教知识和技能。通过保教小组及大带小等活动，可以向家长传授育儿知识，教家长念儿歌、做游戏，这对融洽亲子关系、创造和谐幸福的家庭生活氛围大有裨益。而和睦亲密的家庭氛围、良好的家庭教育，将使幼儿身心得到和谐发展。

3. 有利于培养小学生的爱心和责任感

通过大带小活动，一些在家长、教师眼中的孩子和学生成了幼儿的老师和哥哥、姐姐，这就培养了小学生关心幼者、乐于助人及与人为善的爱心；同时也锻炼了小学生克服困难、组织活动和社会交往的能力。

4. 有利于幼儿园在社区中发挥辐射作用

中国的幼儿教育是非义务教育，属学校教育的基础阶段。幼儿园具有教育和福利的双重功能，乡镇幼儿园的建立和发展离不开社区的行政组织，尤其是村一级的幼儿园，一般都采取"村办校管"的体制。因此，乡镇(含村)幼儿园对社区幼儿教育的发展应责无旁贷地发挥核心作用，即不仅要对园内的幼儿进行教育，对社区中的园外0～6岁幼儿也应进行教育。乡镇幼儿园依靠社区得到发展，又服务于社区，也就是说，幼儿园依托社区内的各种力量(乡镇政府、工厂、村民委员会、妇联、共青团、少先队、中学及小学等)组织成一个以幼儿园为核心的园内外相结合的幼儿教育网络，从而使幼儿园在社区内充分发挥多方面的辐射作用。

(四)以幼儿园为核心的多种学前儿童保教形式的发展趋势

1. 展望前景，非正规的多种形式的学前教育将日益受到重视并得到广泛而深入的发展。这主要是因为，发展中国家和地区的社会经济、文化的发展难以为广大学前儿童提供正规的教育。而非正规的教育则由于具有以下特点而适应性较强：(1)可以从当地实际需要与可能出发确定相应的内容和形式；(2)能够开发当地人力、物力资源，形成各自特色；(3)既面对儿童又面对家长，两者同步，能从根本上改善儿童的成长环境；(4)多样化的保教模式，便于广大保教工作者和家庭成员具体操作。

2. 以幼儿园为核心的多种学前儿童保教形式将成为中国进一步发展学前教育的重要途径。据1995年统计，我国共有幼儿园17万多所，在园幼儿2711万名，3～6岁幼儿入园率为33.5%，3～6岁的幼儿尚有66.5%未入园。我国和其他发展中国家一样难以为这些散居幼儿提供正规的学前教育，虽然《幼儿园工作规程》中规定幼儿园可分为全日制、半日制、定时制、季节制和寄宿制等，但现有的17万多所幼儿园(大多数是全日制，少数是寄宿制)基本上都是正规幼儿园，为此，必须贯彻多渠道、多形式发展幼儿教育的方针。如果17万多所幼儿园每园带1个校外保教小组或活动小组，每个校外非正规教学点以 5 名幼儿和 5 名家长计算，则全国将增加 80 多万名幼儿和 80 多万名家长得到一定程度的教育。

综上所述，发展适应不同需要的以幼儿园为核心的多种学前儿童保教形式，可以使更多的学前儿童受到一定程度的学前教育。这是时代发展的需要，也是中国幼教工作者履行《规划纲要》的伟大使命和光荣职责。

（资料来源：唐淑，《适应不同需要的多种学前儿童保教形式》，《幼儿教育》，1996 年第 10 期）

资料链接 1.3

四合院内的家庭幼儿园

李 莉

伴随着城乡建设的逐步推进，在北京的郊区如雨后春笋般地建起了一片片的高楼、社区，政府给予了政策性的引领和经济上的支持。楼盘的开发、小区的建设带动起人丁的兴旺，同时也派生出入托难的问题，甚至已上升为广为关注的焦点民生问题。对此，政府提出了在北京市扩建、新增数百所公立园的计划。但是，计划的落实是需要时间的。在近期的调研中，笔者接触到的一些民办园虽然因为所谓"资质"的原因不被官方承认，但它们却已经走在政策的前列，为政府、为我们的学前教育默默地缓解着入园难的压力，为大批无园可去的幼儿提供了生活游戏的场所，为年轻的父母解除了后顾之忧。

或许有人会说："别把他们抬得那么崇高，他们是抓住商机以赢利为目的的"，对此，我想借用邓小平同志的一句名言："不管黑猫白猫，抓到老鼠就是好猫。"对这类园所的作用我们不能熟视无睹。与其等待，不如接纳、统筹现有资源，把政府的政策支持匀给民办园一杯羹，使他们的价值能够得到最大化的发挥，这应该是利国利民的一件好事吧！下面结合我在一所家庭幼儿园的所见、所闻谈谈我的感受。

近期我走进了一所建在农村四合院式布局的家庭幼儿园。家庭中的女主人任园长,男主人负责采购、维修,奶奶负责饮食操作。有23名混龄儿童,孩子们的活动室、睡眠室占据了四合院的一半空间,在前后两个院落里孩子们可以自由自在地穿行、追跑。

镜头一:这里的孩子红彤彤、黑油油的脸膛挂满了笑容,见到客人没有丝毫的拘谨与陌生,见到我在翻看他们的识字本,一位热情的小男孩主动递过来一本童话书,操着口音对我说:"给你,这个好看着哩。"

镜头二:院子里正在盖厨房,即将落成的房子边堆着木料、沙土。几名男孩子在木料堆上走着、跳着、爬着,几名小一些的孩子蹲在土堆前兴致勃勃地和泥、捏泥。园长不好意思地解释说:"我们的孩子不嫌脏,就喜欢玩这,不像人家城里的孩子体面、爱干净。"

从这些镜头里我看到的不是落后,而是真实、原生态的快乐生活。孩子们的纯真热情感动了我,家庭幼儿园里简陋的游戏条件下催化出创造的火花是"高贵的"特色园、示范园的孩子可望而不可即的。"快乐、兴趣、生活"是我们最想给孩子的东西,但我们在公立园里真正给予孩子了么?恰恰是在这里我却看到了"快乐、兴趣、生活"!这对我的启发是:纯、朴、真的东西才是孩子最需要的。家庭幼儿园这一为学前教育默默付出的弱势群体也有很多东西值得我们学习。

(资料来源:张燕主编,《幼儿教师学习共同体建设:绿叶工作室的成长历程》,北京,北京师范大学出版社,2012:第307~308页)

二、幼儿园管理

幼儿园管理以育儿为目的,在组织管理上需要强调情感化、人性化,以情动人,营造幼儿园如同"家"一样的温馨环境,建立积极的人际互动关系。幼儿园的管理是园所保教人员和管理人员以育儿为中心,根据保教工作的规律,最大限度调动人的积极性,用适合的方式将人力、物力、财力组织起来，较好完成保教目标，促进幼儿发展和服务家长的双重任务。

幼儿园管理的基本理念

1. 尊重生命，保教并重

教育的出发点是人，教育的归宿也是人，教育管理应该"以人为本"，关注人的发展，幼儿园管理更是如此。幼儿教育阶段的儿童是发展中的个体，身心正处在迅速生长和发展时期，可塑性强，但还不具备独立行为能力和自我保护能力。幼儿教育以"保教结合"为基本原则，要以守护幼儿生命健康为使命，对儿童给予细致照顾，为幼儿的各种活动提供安全、有序的环境。幼儿的发展不仅是身体的发展，还包括了心理的发展、社会性的发展等，幼儿园的管理工作应注重生活护理和保健工作，要在生活中渗透教育要求，在教育中发挥保育的功能，注重儿童的心理健康，做到保教结合。儿童是身心发展的主体，幼儿教育要以幼儿为本，以他们的需要和根本利益为出发点，要尊重幼儿的生命、尊重每个个体的差异性，注重实施保教结合的教育，促进幼儿身心和谐发展，让他们在快乐的生活和活动中，以更加本真和自然的方式成长。

2. 一日生活，养成教育

"一个日子，一个孩子，便是教育"，教育就是生活，脱离生活无所谓教育。幼儿教师要关注生活，增强生活感受性，处处留心皆教育，好的教育是充满生活智慧的。教育是对生活的提升，并更好地服务于生活，幼儿的教育是建立在儿童的生活经验基础上的，以培养习惯、体格锻炼、激发兴趣为主要内容，为幼儿身心健康和日后的发展奠定基础。对于幼儿而言，他们是在做中学、在玩中学，在一日生活中学习的，生活既是教育的手段，同时生活本身也是教育内容。生活、游戏与学习对幼儿来说是浑然一体、很难截然区分开来。幼儿在生活中养成习惯、发展能力、增长知识，特别是行为习惯的养成，并非通过几节教育活动或是课程就能奏效，而是要在生活中日复一日地坚持要求和点点滴滴的培养积淀。因此，幼儿园保教工作及管理要以"一日生活"为基础，充分挖掘日常生活中的教育契机，树立"一日生活皆教育"的理念。

3. 面向全体，适宜发展

幼儿发展存在着普遍的、一般的身心发展规律，然而每个幼儿又是独特的，来自不同的家庭背景，受到各种因素的影响，在经验水平、认知风格、兴趣爱好等都呈现出个体差异性。因此，以班级为基本单位的幼儿园，保教工作要面向全体幼儿，根据班级幼儿的整体发展水平和特点提供适宜的活动内容，确立目标和设计教育活动，促进全体幼儿的全面和谐发展；与此同时，又不能整齐划一，要因人而异，教师需要观察了解每一个幼儿的发展需求和特点，深入研究儿童，实施个别化的、有针对性的教育，让每名幼儿的潜能得到激发，获得良好的人生开端。

4. 因地制宜，发掘资源

幼儿教育不存在统一的评价标准，适合的才是最好的。幼儿园的创办与管理、教育资源的开发等，如果按照统一的模式管理，只会造成幼儿教育的一潭死水，无法激发各地各个办园主体的积极能动性，开展适合特定对象和当地条件的多样性的幼儿教育。按照规划好的标准实施教育只能培养出千人一面的机器人。孩子的生命力和独特性会被扼杀，幼儿教育生硬机械，而非生动活泼。各地区的社会经济、地理文化具有不同的发展特点，教育必须在分析当地社会、经济、文化、自然地理环境的现实情况下，因地制宜地挖掘与整合当地的人文和自然资源。幼儿园要增强主体意识，发现和组织周边社区和家长中可利用的各种资源，为我所用；如利用周边环境条件创造良好的教育环境，如场地、材料及课程资源，开展灵活多样的活动，丰富幼儿的生活和活动内容；根据当地的文化传统和乡土民俗开发具有地方特点的课程体系，力求"本地化"，创造具有地方特色的幼儿教育。

5. 家园共育，同步同向

幼儿园教育是家庭教育的补充和辅助。幼儿入园后并不意味着家庭教育作用的退位，仍然需要家长参与育儿过程。幼儿园与家庭双方密切合作，如同一车两轮，更好地培养健康快乐的幼儿。家长是孩子的第一任教师，家庭是幼儿最重要的生活场所，在幼儿教育阶段，家庭教育的作用无论怎么强调都不为过。幼儿园的教育如果没有家庭的参与，没有家长在教育思想和行动上的支持，并协调配合，其效果往往事倍功半，甚至可能对儿童的发展造成不利的影响。有效的幼儿园教育离不开家庭的支持。幼儿园必须重视家长工作的开展，加强与家庭的联系沟通，向家长提供育儿支援、创设家长经验分享的平台，唤醒家长教育的主体意识，激发其育儿自信和提高育儿能力；同时动员家长参与和支持幼儿园各项活动，推动幼儿园的建设与发展。幼儿园与家庭双方目标一致，建立起教育共同体，家园共育，同步同向，共同促进幼儿的健康全面发展。

6. 释放天性，呵护童年

童年有着独特的意义和价值，是个体成长的最初阶段，俗话说，"三岁看大，七岁看老"，这个阶段的发展状况将影响孩子的一生。童年是幼儿天性自然释放的年龄，情绪可能瞬息万变，行为可能离奇诡异；童年是可以犯错误的年龄，孩子在错误中学习成长。幼儿园教师作为保育教育及管理的专业人员，要能够读懂儿童，让他们在丰富的生活和游戏中锻炼体格，增强对环境的适宜性，养成良好的习惯、培养兴趣和健全人格，从而为身心健康发展奠定基础。教师还应引导家长和社会公众认识到幼儿期的独特性，树立正确的教育观念，破除教育功利化的思想包袱及"不要让孩子输在起跑线上"的恐慌心理，放平心态，了解和尊重儿童的天性，让幼儿能够有机会按照自己的生长方式和速度，在游戏中、活动中释放自己，体验童年生活的快乐。

资料链接 1.4

别的幼儿园哪儿都不如游戏小组好

葛牧涵妈妈(2015 年 12 月 19 日)

2014 年年底，听朋友说起了四环游戏小组，新颖的教学模式和教学内容引起了我极大的兴趣，于是我马上上网浏览相关信息，也从北师大的朋友那里打听了四环游戏小组的教育理念。年后不久，我和奶奶便带着孩子来到了小组，这里虽然环境简陋，但是看到欢乐活泼的孩子、热心的家长，还有亲切的老师们，尽管离家远，我们还是决定把孩子送过来。

今天是第一次写育儿日志。想想从 3 月份报名到现在，除去孩子生病住院，暑期回姥姥家，还有去别的幼儿园的时间，再加上由于距离远每天只能来小组半天，葛牧涵来小组的时间并不多。来小组这段时间，孩子学会了用剪子剪东西，也更喜欢画画了，还经常把自己画的画剪下来贴在柜子上。可能来小组的时间少，孩子还是有点放不开，不愿意和大家一起做早操(可能是觉得自己不会做)。有一次其他孩子都和丁老师玩"红气球不见了"的游戏，我看她也不想参加，也许是害羞吧！虽然还是没有放开自己，但是她非常喜欢这里。按她的说法，这里的房子比别的幼儿园的漂亮，同学也好，老师也好。别的幼儿园哪儿都不如游戏小组好。

2015 年 9 月，考虑到路上安全问题及孩子午休等各方面原因。我们还是在家附近给孩子找了幼儿园。起初孩子非常喜欢去，高高兴兴的，没有哭闹(应该是有好奇心，也有在小组这段时间的过渡的原因)。可是到了大概第三天，孩子开始不想去幼儿园了，对妈妈说，老是上课。于是我登录了幼儿园的网站，看了一下孩子们每天的时间安排，也去幼儿园了解了一下，孩子每天除了午休时间和早上 30 分钟的课外做操时间外，大概都是上课。而涵涵喜欢的绘画课每周只有一节，手工也是，而且是不让拿剪刀的。10 天左右的入园生活，孩子从起初的好奇到不爱去，最后是非常强烈地抗拒，虽然老师和朋友们都说哭几天就不哭了，或是一进园一会儿就好了，但是我还是不情愿让孩子经历这么一个不开心的过程，或是强迫孩子无奈地顺从。

其实我们也考察了几个幼儿园，那里的硬件设施和师资力量都是很不错的，但是我们喜欢并不意味着孩子也喜欢。最后，我们还是尊重孩子的意见，把她送回了游戏小组。虽然距离远些，但我们克服困难也要来！

（选自四环游戏小组博客）

幼儿园管理的内容

幼儿园遵循保教管理的基本理念，合理组织园所内外的人力、物力、财力等各种要素，开展园所工作，不断提高保教质量，促进幼儿的身心全面发展，较好地完成保教儿童、服务家长的双重任务。幼儿园的管理与保教是在同一个过程中实现，管理渗透在育人的整个过程之中。

园所管理中最关键的是要做好人的工作，调动幼儿教师的积极性，建立一支高素质的保教团队。首先，保教工作是幼儿园全部工作的中心，教师是保教工作的实施主体，在一个尊重、理解、信任的环境中，教师能够发挥积极能动性、创造性，主动承担职责，完成好幼儿园的各项工作。其次，幼儿园的教育和管理工作主要靠人来完成，靠人与人之间的相互影响而实现，人际交往需要情感的投入，要以情感人，而不能靠硬性而机械规定。要使教师成为积极情感的主体，用情传递爱，达到以情育人的目的。幼儿园管理要相信和尊重教师的主体性，把发挥教师的积极能动性作为工作的核心因素。

幼儿园管理保教活动的开展需要必要的物质条件，如活动场所、玩教具、图书等，要提供机会，让幼儿在与环境的积极互动、相互作用中学习成长。要发挥园所和教师的积极能动性去创设条件。环境和物质条件的创设要适宜于幼儿园及其所处地区的现实状况，因地制宜、就地取材，注重园所与周边环境和当地自然生态的协调融合。幼儿园并不需要奢华的装饰、高级的设施玩具等华而不实的投入，过于物质化的园所环境有可能会给幼儿带来消极的影响，也不利于幼儿园自身文化形象的塑造，而且有可能会事与愿违，在公众中产生负面影响。此外，过度物质化的园所环境物非所值，加大了不必要的教育成本，有可能加重国家、家长的负担同时造成浪费。

对于幼儿来说，自然简朴的、互动性的、人性化的环境会让他们感到温暖而亲切，才是他们最喜欢的，因而也是最有教育价值的。

幼儿园管理需要合理安排幼儿的一日生活，以游戏为基本活动，开展多种多样的活动形式，促进幼儿的健康成长。另外，幼儿的发展离不开家庭的参与和支持，家长是幼儿园教育的合作者，幼儿园的管理工作需要考虑家长对教育服务的需求，如接送时间考虑家长上下班时间，可以适当灵活，提供早入园或者临时托管服务。家庭对幼儿成长的影响不可小视，为了确保保教效果、促进幼儿成长，幼儿园教师要主动与家庭联系沟通，与家长建立合作伙伴关系，同时还要善于利用家长与社区的资源开展班级活动。

最后，幼儿园管理不能忽视时间和信息。时间和信息是无形的管理要素。幼儿园管理需要合理安排有限的时间，用较少的时间高效地完成工作，避免无效劳动，重复性事务工作会造成时间的浪费，还可能令人员倦怠、精神涣散；信息是管理工作决策的依据和基础，要疏通信息沟通的渠道，善于从众多信息中提取有价值的信息，做出合理决策。

新中国建立后，伴随着城市化、工业化的进程，我国幼儿教育首先在大中城市得到发展。经过六十多年的发展历程与管理实践，城市公共幼儿教育的管理相对比较完善，相应的有关幼儿园注册、幼儿园环境、玩教具配备、幼儿园人员配备等相关文件和政策陆续颁发。但是，我国幼儿教育的发展和对托幼机构的管理呈现出以城市为中心的导向，这是不适宜的，以单一的城市化的标准来引导和规范不同经济水平的地区、不同发展条件下的幼儿教育，显然是不妥当的。城市正规幼儿园管理办法无法适用城市中面对弱势群体的非正规托幼机构、小区便利的家庭托管服务、农村幼儿活动站等，如果按照僵化统一的思路和标准来管理这些多元化多样化机构，只会抑制民间力量办园的积极性，限制公众的多种选择。

应鼓励各地根据自身经济和社会文化发展情况、教育的需求和条件，因地制宜地发展幼儿教育。目前农村学前教育是发展重点，政府在政策上向农村学前教育倾斜，如在《国家中长期教育改革和发展规划纲要(2010—2020 年)》中提出重点发展农村学前教育，并提供了强大的财政支持。人们在欢呼"学前教育的春天来了"的同时，更需要谨慎思考：农村的学前教育该如何发展的问题。城市和农村存在极大的地区差异、学前教育发展的基础不同，城市学前教育管理模式能否照搬或是迁移到农村？答案是显而易见的。农村幼儿教育所处的环境场景不同、面对的孩子发展状况与城市的有别、周围的社会资源也有差异，对农村学前教育事业发展和管理也应该呈现出分类型分层次的，而不是整齐划一的简单化的办法。这就需要深入各地实际，在调查基础上，形成实事求是的差异化的管理办法。

"小的是美好的"，世界上好的学校、幼儿园都是小的，如夏山学校、森林小学等，这反映了办教育的重要规律。幼儿园为幼儿及其家庭提供就近便利的服务，规模可以不必有多大，它应带给孩子温馨的、家的感觉；幼儿园设施设备不用豪华，自然简朴的是最好的，它能引诱孩子去发现惊喜；幼儿园的活动不宜照搬城市，乡土的是最适宜的，它能够让孩子发现家乡的美好；幼儿园的大门不应紧闭，父母的参与是最有效的，它会带给孩子无限的感动。

幼儿园管理工作的组织与原则

为了更好地发挥管理的职能，实现育人的目标。幼儿园根据自身的规模、人员结构、工作的任务与需要设置适宜的组织结构，合理配置各岗位人员，制定相应的工作规范，有利于在组织成员之间形成共同的目标，协调成员的行为，相互合作及时沟通，共同完成园所的保教管理任务，促进园所的发展。

在城市小区内、农村地区，幼儿园的规模小，可能就是一个混龄班。这样的幼儿园人数少，工作任务相对单纯，组织结构设置宜简明，人员配置与职责划分上宜采用兼职的方式。园长全权对幼儿园各项事务负责，同时身兼教师工作、资源管理等多项职责；各个班级教师承担教师和保育员的职责。

像社区亲子中心、游戏小组、农村幼儿班等这样的组织机构，发挥家长力量做一些辅助工作，已被实践证明是可行的。例如家长志愿者轮流到幼儿园与老师搭班组织活动，而不是设置专人专岗。

幼儿园规模较小，孩子数量不多，而各项事务工作都不少，这就要求教师做多方面的工作，有掌控局面的综合能力，可以从家长群体中物色一位能力强的来协助幼儿园工作，调动和发挥家长的积极性，同时，这样的组织结构可以充分发挥每个人的潜能，信息交流更畅通，资源使用效率更高。小规模的幼儿园更有利于人际互动，也能让每个幼儿得到更多的身心照顾，所以小的才是美好的。

规模较大的幼儿园在组织结构设置上可以参考国家关于设置幼儿园的标准，建立以园长为核心，发挥教职工大会、园务委员会监督职责的管理机构，设立保健组、教研组、总务组等组织实施具体管理工作。总之，要尊重和发挥幼儿园的主体性，根据自身实际需要考虑适宜的组织机构设置，以较好地发挥管理效能，提高效益。

资料链接 1.5

了不起的一家人

王凤新

8月里的一天，天气特别闷热，我走进昌平区丈头村的一家四合院，院门关闭着，院门上画了几个水平很一般的卡通图。这可能是一个家托，但令人欣慰的是，这家的主人有一定的教育幼儿的意识，能够画上孩子喜欢的画。我怀着忐忑的心情打开了这个大门，此时出来一位年过半百的老人，说："您有事吗？"我说："我想当个义工，帮您做点事，您看我能做什么？"老人说："我这里是个托儿所，您能干什么？不用了。"我说："我可以给您看看孩子或者帮您给孩子做做饭。""孩子不用看了，我要去给孩子择菜"，借此情形我就蹲在老人的边上择起菜来。边择菜边聊天。这个家托有 10 多个孩子，一家人看管，儿媳妇看孩子，教一些简单的知识，儿子采购，老人做饭和后勤清扫。孩子每人每月 200 元，中午休息。老人说："看孩子，主要是解决附近这些上班的年轻家长的困难，他们带着孩子没法上班，我们在家也没什么事做，因此适当收一些费用，解决自己的温饱问题。"我们做的这个事说不上是幼儿园，更说不上是家庭托儿所，其实就是帮助左邻右舍这些外来打工的年轻人解决孩子没人看的问题，我们这个托儿所灵活度很大，家长几点送都行，几点接也行，如果有事就可以在我这里睡一夜，因为这就是自己的家，每天都会有人，我们也不会多收一分钱，孩子也不多，就像自己的孙子一样，我的孙子也在这里，他们天天一起玩儿。但是我们不能像那些大幼儿园里的条件，因为我们没有那么多的钱来做那些装修，解决那些没人看的孩子有地儿去就行了。聊了一会儿，老人知道我的身份后，对我没有了戒心，于是我看了看孩子的屋子，10 多平方米的房间里有 10 多个孩子。屋子里太热了，孩子们满头大汗在写着数学题，有的写数字，有的写加减法。老师站在那里巡视，并时不时地指导。屋子里有台电风扇，对于这样的天气根本解决不了问题。这一幕与我们县城的幼儿园完全不能比。

这里虽然设施简陋，正像老奶奶说的那样，没有丰富、高价的玩具，只有几筐小插片，可是这里的孩子天真、纯朴、自然，看着他们天真的眼睛，我很喜欢他们的真实。孩子在一起吃，一起休息，躺在一个大通铺上，让我不由得想起了自己小时候姐妹几个一起生活的幸福场景。

这里家长的需求也很低，只要有人看管，有人帮助他们教孩子一点知识，就可以了，家长就能安心地工作。可是为什么社会就不能满足他们的要求呢？是什么原因？我很不理解。更何况像这样的家庭既能满足家长的简单要求，又能维持自己的生存，使双方受益，何乐而不为呢？为什么要取缔它们？这更让我不能理解。我的看法是：一个家托的存在不会影响什么社会问题，而是解决了社会的问题，减少了满街跑的孩子。保障了孩子的安全，我很尊敬这些办家托的人们。

（资料来源：张燕主编，《幼儿教师学习共同体建设：绿叶工作室的成长历程》，北京，北京师范大学出版社，2012：第304～305页）

幼儿园开展管理工作，需要遵循幼儿园管理的基本原则，主要有以下五个方面的原则。

方向性原则。园所管理工作中要坚持社会主义办园方向，根据国家相关的教育方针和政策法规，协调各方面力量，实施保教工作，提供托幼服务。幼儿园管理应树立正确的办园目标，在符合幼儿身心发展规律下明确办什么样幼儿园、培养什么样人，使得幼儿园管理工作保持正确的方向。园所要对全园教职工宣传幼儿园的愿景和办园目标，营造良好的园风，激发教职员工为促进幼儿发展和园所建设而努力。

保教为主的原则。幼儿园是幼儿一日生活和游戏的场所，保中有教，教中有保，保教结合，在一日生活中促进幼儿的健康发展。保育和教育是园所工作的中心，这既是幼儿园教育的基本原则，也是管理的原则。保教为主的原则需要园所管理者、教师将大部分时间和精力用于保教工作，其他工作是为保教工作而服务的，要协调处理好中心工作与其他工作的关系。另外，还需要围绕保教中心工作协调其他各部分工作，处理好重点工作与日常工作的关系，逐步实现每一阶段园所的保教任务。

民主管理原则。幼儿园虽小，但是也是一个有机整体的社会组织，需要处理好教职工与工作任务的关系。幼儿园的双重任务的完成需要调动教师积极性，尊重教师的民主权利，让教师参与幼儿园管理，增强组织认同感，为园所发展建言献策。幼儿园民主管理首先要认识教师是实施保教工作的主体，也是管理主体，要为教师参与管理创造条件，如建立工会、职工代表大会、园务会等，让教师有机会对园所工作和问题进行讨论，对管理人员评议监督，成为园所的主人，同心同德、共同建设幼儿园。

有效管理原则。幼儿园在园所目标的指导下，合理地组织园所资源，秉持勤俭办园，以最小的投入创造更多的社会效益和经济效益。幼儿园的社会效益以其培养的幼儿质量作为"产出"，因此，园所需要关注社会对人的规格要求，树立正确的质量观，根据幼儿成长的规律实施保教结合的教育，培养体、智、德、美全面发展的儿童，以适应社会的需要。幼儿园的经济效益主要通过幼儿园的科学管理来实现，要合理配置幼儿园资源，减少不必要的投入避免资源浪费，发挥能动性从周围环境中发掘资源为我所用，提高物质和资金的利用率。幼儿园还要合理有效地利用时间和信息，分清工作的主次和轻重，提高工作效率。

社会协调性原则。幼儿园不是一个封闭的组织，而是社会的组成部分，它的发展与社会各方面因素紧密相连。因此，幼儿园需要开门办园，注重与社会的互动，尤其是家长和社区，充分利用幼儿园周边环境中的有利条件为园所所用；同时也要发挥幼儿园的优势，做好社会公众的科学育儿宣传，发挥文化辐射的作用，经常性地参与社会服务活动，服务社区，实现双向互动和促进。

※　　　　※　　　　※　　　　※

实践运用

1. 您小时接受过幼儿教育吗？是上的学前班还是其他幼教形式？请加以描述和简要评价。

2. 如果您在幼儿园工作，请分析下您所在幼儿园组织机构的现状，并提出改进的建议。

3. 对照本章提出的保教管理理念，分析您所在幼儿园的保教管理实践，提出改进的意见。

📖 **案例分析**

农村、偏远山区发展幼教事业的探索

河北省兴隆县是一个典型的山区县。全县有 4～6 周岁的幼儿 9984 名，每个自然村平均只有两三名幼儿。居住分散、交通不便阻碍了当地有规模地发展幼儿教育。所以，大多数山沟沟的孩子都散居在家，即使有的上了学前班，也是和小学一年级一起的混合班。

1998 年，在荷兰伯纳德·范里尔基金会的资助下，在中央教科所幼教研究室与河北省教委的指导下，该县开始探索适合农村特点的幼儿教育体系，探索一条能迅速有效地提高农村幼儿教师及家长文化教育素养，从而提高农村幼儿教育质量和幼儿素质的新途径。他们在大力发展正规幼儿教育的同时，因地制宜地创设多样化、非正规的幼儿教育形式。如他们为生源太少的村创立了"巡回辅导站"，由乡中心园配备两名教师巡回辅导；在一些居民组十分分散的村建立了"联合活动站"。居民组较集中的白旬子为总站，居民组较分散的大石洞为分站，平时分两处授课，举办大型活动时集中在一起联合进行。总站由学前班老师辅导，分站由经过培训的家长辅导，总站老师每周到分站去一次，布置下周活动计划，检查幼儿一周的活动效果。对于居民组距离行政村较远、幼儿年龄又小的地区，则建立"亲子活动站"，帮助家长提高育儿水平。此外，他们还建立了"季节活动站"，农忙时召集幼儿到站活动。在特别偏僻分散的居民区建立"家庭活动站"等。

这些非正规幼教组织与正规组织一起构成了全县的幼教网络，不仅使得偏远山区的孩子能够在不同程度上接受早期幼儿教育，而且提高了家长的文化素质、育儿水平，也大大促进了农村精神文明建设。

分析与思考

我国地域辽阔，各地区差异很大，这就决定了各地区发展幼教事业必须因地制宜，根据本地区的特点来开展工作。

例如在本案例中，兴隆县根据本县生源少、人口又分散的特殊情况创办了巡回辅导站、季节活动站、联合活动站等非正规教育形式，它们既符合本地的实际情况，有效地服务了当地群众，又是幼教事业发展与管理上的一次创新。我国浙江温州地区根据本地区商业发达的特点，大力发展民办幼儿园，创建了"温州幼教模式"；内蒙古自治区结合本地区牧民多、人口流动大的现状，创办了"流动幼儿园"。都是这方面的典型例子。

因地制宜地发展幼教不仅适合上述较宏观的行政管理，也适合较微观的层面，如目前在各地广泛开展的"社区学前教育"，甚至幼儿园。

这则案例为我国农村，特别是贫困地区幼儿教育走一条低投入、高效益的道路提供了有益的启示。

借鉴其经验，您对园所创地域特色有怎样的设想？

作者/河北省兴隆县教育局 于会田 赵继忠
评析/王雪松

（资料来源：张燕、邢利娅主编，《幼儿园管理案例及评析》，北京，北京师范大学出版社，2002：第49～51页）

拓展阅读

发挥农村优势，办低碳教育
王建新

农村教育何去何从？一直是我们关注的话题。通过上一次对两会中关于教育话题的讨论，以及对张雪门行为课程的讨论，我认为可以充分发挥农村教育的优势办环保低碳教育。农村中的泥巴、昆虫、石头，美丽的自然风光，都是农村独有的教育资源，积极利用各种资源开展具有农村特点的教育，不要让其成为城市教育的翻版。

一、走进自然让幼儿与大自然"对话"

教育家陶行知先生说："大自然、大社会就是活教材。"我们要充分发挥农村自然资源的教育价值，带领幼儿走入自然，开阔幼儿的视野，解放幼儿的时间、空间，寻求大自然的奥秘。因此，我们充分抓住农村的自然优势，组织孩子去附近的野外，让孩子们尽情地投入大自然的怀抱，尽情享受温暖的阳光。幼儿园充分利用周围得天独厚的乡土资源优势，组织幼儿参观实践、交流表达、动手尝试，让每一个孩子用心灵与大自然对话。如春暖花开时，我们带孩子踏青去观察动植物的生长变化；秋收时节，广阔田野就在眼前，孩子们一起去捡落叶、拾稻穗、剥豆荚。开展丰盛的野餐活动，体验生活的乐趣；幼儿园附近有各种各样的农作物，我们带孩子去田野看农民播种、施肥、治虫、收割、耕田、除草，并让幼儿参与劳动，体会劳动的辛劳及收获的快乐，真正让大自然大社会成为了活教材。

二、利用自然物，让孩子动手动脑

《幼儿园教育指导纲要（试行）》指出，环境是重要的教育资源，应通过环境的创设和利用，有效地促进幼儿的发展，使幼儿与自然物亲密接触，让孩子动手动脑。如泥土、葫芦、石头随处可见，我们充分利用泥土的可塑性让孩子们玩泥。孩子在玩的过程中不仅知道怎样和泥，泥才最好使，同时通过孩子的反复操作，孩子们更发现如果在泥中添加一些碎纸和乳胶，这样的泥做出的东西不会裂开。孩子在玩泥的过程中不仅能够捏出自己喜欢的各种小动物，更用泥制作了各种泥拼图、接龙、排序等游戏材料。让孩子获得了多方面的发展。同样各种葫芦不仅让孩子练习点数、排序、配对、拼图，更能发挥孩子的想象力进行葫芦制作。石头、玉米轴、泥、高粱秆、杏核及各种种子等这些材料孩子随处可得。它们利于收集、天然又环保，孩子可以进行多种玩法。我想只要利用得当一定不会比买的玩具差。

三、活用农家资源促进幼儿发展

"家庭是幼儿园重要的合作伙伴。"幼儿园的活动离不开家长的支持，家长在孩子的成长过程中担当着重要的角色。幼儿园应本着尊重、平等、合作的原则，争取家长的理解、支持和主动参与，并积极支持、帮助家长提高教育能力。形成家园合力，促进幼儿的能力发展。农村中的许多家长由于受自身文化水平的影响，在教育孩子方面还存在一定的误区。为此，教师就要采取多种形式提高家长的教育水平。就像四环游戏小组一样让家长成为教育的受益者和实施教育的主体。首先教师可以多开展一些亲子活动，让家长在参与活动的过程中不断转变自己的想法。例如，每年秋天我们的采摘活动，家长和孩子一起进行采摘，不仅认识了果园的各种水果，更让孩子在采摘的过程中学习了简单的劳动技能。另外可以利用家长的教育资源。如有的家长会用玉米皮、草叶编小动物。我们就把他们请进课堂，教班里的小朋友学习。在不断参与的过程中转变自己的想法与做法。在取得了家长的理解、支持后，我们要求家长在家给孩子创设一种宽松、和谐的氛围，让孩子在家里也能快乐地活动，家长找来可操作材料，家长带着孩子用石子数数，用石子玩弹球游戏。休息日带着孩子到大自然中去捉麻雀、捉蚱蜢、捉蟋蟀……让孩子参与一些农活。这样既融洽了家长和孩子的关系，又发展了幼儿的自我表现力、动手能力和创造力。

农村教育不等于滞后教育。农村的资源并不比城镇少，只要我们细心去挖掘；农村的孩子并不比城里的孩子"笨"，只要我们能找到适当的、符合农村孩子的教育资源、开展适当的，符合农村孩子的教育活动。

（资料来源：张燕主编，《幼儿教师学习共同体建设：绿叶工作室的成长历程》，北京，北京师范大学出版，2012：第323～325页）

"小时候，我以为你很美丽，领着一群小鸟飞来飞去。小时候，我以为你很神气，说上一句话也惊天动地。长大后我就成了你，才知道那间教室，放飞的是希望，守巢的总是你……"这是孩子心中的教师形象，这形象深深地驻入儿时的心灵，成就了今天无数的新教师。

第二章　幼儿教师

　　幼儿园教师的工作对象是幼小的儿童。儿童虽然弱小稚嫩，但他们是人类的未来，是国家的希望。幼儿教师是引领幼儿走出家庭，走向社会，进入正规学习生活的重要中介和桥梁。幼儿教师从事的是所谓"生命的事业""根的事业"。幼儿教师每天和幼儿生活在一起，在生活中渗透教育，她们通过保育教育好幼儿，让幼儿健康快乐地成长；与此同时，服务好家长，唤醒家长的教育意识和增强家长的教育能力，来推动幼儿园工作的进展。幼儿教师的工作在一定意义上，对家庭幸福发挥着重要作用。幼儿园是教师工作的职业场所，园所管理要善于做人的工作，尊重教师、发挥教师的积极能动性，唤起幼儿教师的工作热情，提升教师的专业素质，建设具有爱心和责任心的保教队伍。

一、幼儿教师职业

近年来，伴随幼儿教育的发展，有越来越多师范毕业生加入幼师队伍，与此同时还有许多非专业背景的人员，包括初高中文化的青年人参与到幼儿教育中就业创业，他们的加入，扩充了师资队伍，也为幼教发展贡献了力量，成为事业发展的希望。

幼儿教师的职业特点

1. 幼儿教师多面手：身兼"妈妈"和"教师"的双重角色

幼儿是稚嫩的生命个体，身心发展迅速而机体及各方面功能尚不完善，需要成人细心的呵护照顾。一方面，幼儿是稚嫩的生命个体，身心发展迅速而机体及各方面功能尚不完善，容易受到伤害，需要成人的呵护照顾。这就决定了幼儿教师首先承担着"白日里的妈妈"的角色，要像妈妈爱自己的孩子一样，照顾幼儿一日生活的吃喝拉撒，给予幼儿心理和情感的呵护支持，使幼儿感觉到温暖和安全。在日常生活中，教师像妈妈一样，用温暖热情的拥抱和亲切的问候迎接孩子的来园；户外活动前提醒幼儿喝水，整理孩子衣物；午睡时间给幼儿讲故事，陪同孩子进入睡眠；室内活动中带领幼儿操作各种材料，耐心地等待和指导。幼儿也把老师当做妈妈，拉拉老师的手，摸摸老师的脸，偎依在老师的身边，说着心里的悄悄话。陶行知说"教育是心心相印的活动"，幼儿教育建立在日常的人际交往中，好的教育是源于人性的，师幼互动中情感感染和心灵碰撞就是爱的传递。

另一方面，幼儿教师的这份爱又不同于妈妈的爱，妈妈的爱基于血缘亲情有时缺乏理智，而老师的爱则在涌现出母爱的同时也渗透着教育，在保护照顾幼儿生活中发现教育的契机，在生活中渗透教育，在教育中关注孩子生活需要，体现幼儿教育保教结合的原则。

教师和孩子玩成一片，在交往中读懂孩子，对每一个幼儿的要求和评价都因人而异，因材施教。这对幼儿教师的要求更高、难度更大，所需的能力更全面，更富于挑战性。教师既要根据幼儿的身心发展特点，合理安排幼儿的一日生活，细致关心、精心照顾幼儿，对幼儿进行生活指导；还要挖掘各种教育资源、利用各种教育机会、设计和组织适宜的教育活动，将教育活动与日常生活相结合，寓教育于游戏之中。

资料链接 2.1

别样教育　自然成长之妈妈老师的情怀
——"四环游戏小组"观后感

徐卫红

从四环博客中看到妈妈老师丁凤云的经历，让我有了更多的疑虑和好奇。眼前这位朴实无华的年轻妈妈没有教师身上所特有的时尚靓丽、活力张扬，她干净利落、朴实大方，亲和从容。随着与丁老师的深入交谈，让我开始对这位妈妈老师从惊讶到感叹，惊讶的是丁老师对每一位孩子的了解那么深透，对如何组织活动经验丰富，对孩子们需要什么了如指掌；感叹的是丁老师从孩子家长的角色转变到参与助教，再成为妈妈老师的历程，数年来与四环小组共同相伴，见证了四环游戏小组的成长，倾注了对游戏小组像家一样的牵挂与爱。

我们看到妈妈老师丁凤云作为主班在组织活动，另一位妈妈老师是辅班邱老师，还有两位家长志愿者协助并参与活动，不时有来现场探访的家长。他们在室内游戏活动中，与孩子分组操作材料、看书绘画、制作灯笼等，能够平等地尊重孩子，信任孩子，随时关注孩子们的需要。在户外游戏活动中，家长帮助孩子们抢大绳，和孩子们一起踩高跷、赛跑，看护有需要的孩子安全如厕等，与孩子们融入在一起。在每个环节的活动组织中，主班丁老师形式灵活多样，环节紧凑，引导干预适度，邱老师则关注细节，收放有度，配合默契，两位妈妈老师的组织能力不亚于专业教师。特别是丁老师在组织孩子们进行剪窗花作品展示活动中，引导孩子们观察同伴的作品，请每一位孩子表达自己与同伴不同的看法，充分尊重孩子们对美的欣赏态度，并及时给予肯定和鼓励。丁老师语言提示巧妙，提问具有启发性，对每一位孩子的作品带着赏识尊重的态度评价，潜移默化地引导孩子们了解美、感受美和表达美。丁老师朴实的一句话感动着我："我是妈妈老师，首先要成为每一位孩子的妈妈，然后再做每一位孩子的老师。"

（引自四环游戏小组博客）

2. 教师与幼儿：向幼儿学习，相互成就

教育是一个相互成就的过程，幼儿教师的工作对象幼儿这一幼小的生命带给教师无限的感动与思考，激发着教师不断的学习与成长，在保育和教育幼儿中不断提高专业能力获得职业成就感的体验。虽然在幼儿心中教师是伟大的、神秘的，但教师也不是无所不能的，也有不能回答的问题，也有出错的时候，教师这一职业需要终生学习，最重要、最直接的学习对象就是幼儿。

幼儿的世界很独特，每个幼儿都在用自己的方式来探索与理解周围世界，赋予生活丰富多彩，而不是像成人那样看重标准化、统一的答案，缺乏自己的认识判断。"孩子是成人之父"，当我们耐心倾听儿童的解释，你会发现幼儿世界的纯净与真实，"因为夏天太热了，我画个绿太阳让妈妈凉快凉快""皇帝什么都没有穿"等；当我们站在孩子的身旁等待幼儿的选择，你会发现幼儿以最快的速度做出了内心最真实的决定，这些东西都随着年龄的增长在消退，勇气消失了、真相被掩盖。幼儿是最值得我们敬畏和学习的"老师"。

幼儿把最美好的童年给了成人，成人在与儿童的相处中找回自我。不可否认，教师在儿童成长过程中的引导作用，但是儿童的成长不是用社会知识去占据儿童充满想象的头脑，而是激发儿童充满无限可能的潜能，站在儿童成长路上的鼓掌加油。教师在教育实践中要能够认识到自身的不足，放空自我，充满探索兴趣与好奇感学

习，以学习的姿态重新认识世界，站在儿童的角度来看待世界。在这个意义上，教师和孩子相互成就、一起成长。

3. 幼儿教师与家长：合作伙伴，同向共进

家庭是孩子的第一所学校，父母是幼儿的第一任教师，家庭教育对幼儿的影响是基础性的、全方位的、长期性的。当老师从家长手中牵过孩子的那一时刻，就是家庭教育与幼儿园教育合作的开始，意味着儿童成长中多了一位合作伙伴。家庭具有独特的教育优势，家长与幼儿相处的时间最长，生活中接触频率高，空间紧密，他们对幼儿的了解最全面，对幼儿发展的作用不可替代。幼儿园教育要取得好的效果更是离不开家长的配合，没有家长的参与不可能有好的教育。家长不是站在教育之外的旁观者，而是幼儿教育的主体。另外一方面，家长在育儿方面会有一些不足，比如包办溺爱、过度干涉等，需要教师的引导和帮助。幼儿教师作为幼儿教育的专业人员，相对家长在育儿方面受过一定的培训，在教育理念、教育行为上可以给予家长一定的建议和影响，特别是在帮助父母以一种建设性的方式来了解、关注自己的孩子方面，扮演着重要的角色。通过引导帮助，唤起家长作为幼儿教育主体的信心，进一步发挥家庭教育的优势。幼儿园和家庭相互合作，密切联系与沟通，建立良好的互动关系，使家庭教育与幼儿园教育同步同向，共同促进幼儿的发展。

教育不是孤立地、封闭地进行的，而是受到社会多方面因素的影响。幼儿园依托于社区，服务于家庭，与社区形成相互依存的关系。社区为幼儿园的教育提供活动场地、丰富的教育资源；幼儿园及其教师作为专职教育工作者，要发挥专业优势，扩大范围进行社会宣传、引导和辐射，就此，教师担负着一定的社会工作者职责，要重视与社会公众分享对教育的看法，如可以就"什么是好的幼儿教育"，与家长、社区公众展开交流讨论，传播教育理念和科学的育儿方式、经验，为幼儿的健康成长共同营造良好的社会环境。

4. 幼儿教师与自己及同伴：专业成长的主人

幼儿教师从学校毕业走上工作岗位只是教师职业的开始，教师需要伴随着实践不断学习，特别是在教育职场中观察并关注鲜活的儿童和生动的教育事件，抓住每一次教育契机，才可能读懂幼儿，理解幼儿教育。应当认识到，从事幼儿教师工作并不就是理所当然的教育者，只有融于现实的教育场景中才能逐渐认识教师的职业角色，职场或岗位是幼儿教师产生专业发展需求和自我教育旅程的开始。"纸上得来终觉浅，绝知此事要躬行"。幼儿教师在学校的学习与真实的教育实践有着巨大的差距，需要根据具体的问题运用相关的知识进行分析，寻找适宜性的解决方法，在不断解决问题的过程中获得实践性知识，提升专业能力，获得成长。正如古语所说，"学然后知不足，教然后知困。知不足，然后能自反也；知困，然后能自强也。故曰：教学相长也"。教育者只有自我教育，做自己专业成长的主人，边实践边学习，才能真正理解教育，认同幼儿教师的职业。

教师专业化发展还有一个重要资源就是同事之间的相互切磋学习。幼儿教师可以将自己在实践中遇到的疑难困惑请教其他教师，他人的经验可以提供启发借鉴，有助于问题的解决；也可以将自己成功的喜悦与他人分享，将教育的感悟与其他教师一起讨论，相互之间分享教育的感动，传递教育的正能量。要重视教师同事之间交流、沟通、分享，从而在专业发展的道路上形成学习共同体，依靠内源力共同进步。

幼儿教师的职业需要不断地学习，终生学习。有的幼儿教师工作一段时间后产生了倦怠感，觉得每天的工作不过是繁杂琐碎的小事和周而复始的重复，没有新意。其实，这里的关键是如何看待和面对日常小事。小事不小，如果能够在别人看似不经意的平常小事中，发现其背后的意义和价值，以小见大，提高教育实践的反思能力，则教育的每一天都是新的。实践中不断会有新的问题出现，也会不断激发新的想法，教师要随时面对问题和迎接新的挑战，就能成为自身专业成长的主人。教师的成长是无限的、没有止境的。即使是资深教师，也会不断面临新问题，特别是在时代变革的当下，需要不断学习，要伴随职业生涯不断进取。

教师的专业成长是伴随着教育实践反思不断螺旋式上升，在教育行动中研究、在研究中实践，成为教师专业成长的最佳途径。

资料链接 2.2

教师＝"爱与责任"
齐景新

教师是什么？我一直觉得：教师其实就是"爱与责任"。

每个生命都是因为爱而来到这个世界的，爱能让人内心充满阳光，拥有爱与阳光便拥有了幸福和快乐。"爱"应该是我们给予孩子的第一份礼物，我希望自己能够把更多的爱带给我的每一位孩子。

"没有爱就没有教育"。每个孩子都是独立的个体，他们来到这个世界的时间并不长，喜欢用自己的方式摸索和认识这个世界。而在他们认识世界的过程中，教师是他们最早接触到的社会人。社会是什么样？世界是否美好？我们就是孩子获取的最初答案，因此，爱也是责任。有了责任就有了担当，我觉得这种责任和担当是要通过思想和行动来实现的。

每一年接新班，我都不只是把常规培养放在首位，我认为要孩子们接受新老师、新环境是同等重要的。如果没有由内而外的接受，就很难谈到快乐与发展。接手新班之前，我总是先对照照片记下孩子们的模样和名字，这样就能在开学后用最短时间将他们"对号入座"。孩子们对于新老师能叫出自己的名字无不感到惊讶和亲切，对我自然就有了亲切感。而对于哭闹的孩子，我更不吝惜对他们的特别呵护，不管孩子多小，他们都能体会到老师由衷的爱。

爱孩子就会处处站在孩子的角度去想问题，也更能理解和尊重孩子。爱不是亲亲、抱抱那么简单，爱有着丰富的内涵。一次，幼儿园师傅在场地边上用旧桌子改造户外玩具，电锯嗡嗡响，木屑四处飞，老师觉得又危险又脏，可孩子们觉得新鲜有趣。恰巧这时候该收玩具回班了，我觉得还是应该满足幼儿的兴趣，于是带着孩子们围在稍远的地方观察起来。刚才还生龙活虎的孩子们此刻却判若两人——看得特别专注。当看到修理工大大把一张旧桌子成功改造成一个踏跳板时，孩子们自发地拍起了手："大大你真棒。"孩子们在这个过程中认识了什么叫电锯，电锯有哪些本领，收获真是不少。回班时正好看到楼道里一位叔叔在安装宣传栏，我请孩子们观察叔叔手中的工具："能把木头锯开的电动工具叫电锯，现在叔叔用的这个能把墙壁钻一个洞的电动工具应该叫什么呢？""电钻！"孩子们异口同声的回答。小契机，大收获，契机的发现与把握就是理解和尊重的体现，也是爱的呈现。

爱孩子要担当起教师的责任，还要不断地丰富和提高自己的能力。教师要把握住幼儿的年龄特点，需要与有经验的教师进行探讨，在教育行动中探索。对孩子的爱越深就越觉得自己的能力有限，就越希望有更多的机会提高自己。尽管有时候也会觉得累，但我常想"幼儿教师不只是教授知识，我们面对的是学龄前的儿童，身兼保育员和教养员的双重角色，需要广泛的知识和能力，随时准备接住孩子抛过来的球，应对孩子强烈的好奇心和求知欲"。

想到这些，我越觉得幼儿教师工作需要爱的灌溉与责任的担当，引领孩子的快乐成长，我会将爱与责任进行到底。

（资料来源：张燕主编，《幼儿教师学习共同体建设：绿叶工作室的成长历程》，北京，北京师范大学出版社，2012：第74～76页）

幼儿教师职业规范

每一个职业都有特定的职业规范，用来规范职工的行为举止。教师这一职业同样如此。幼儿教师职业规范是教师在从事幼儿教育实践过程中应须遵守的基本行为规范和道德准则，是教育工作的必须。幼儿教师面对的是一个个鲜活的、充满活力的幼儿，也是身心稚嫩辨别能力弱、缺乏独立行为能力的需保护与引导的孩子。幼儿阶段的孩子可塑性极强，教师的言行举止都影响着幼儿的行为和发展，这种影响是不可逆的。这就决定了幼儿教师相对于其他职业有着"起点高，要求严，影响远"的特点。教师不是喜欢幼儿就够了，更需要通过明确的教师职业规范，引导教师行为，使之在实践中认同教师职业要求，认识到教师行为对幼儿身心健康的重要影响，逐步将外部约束内化为教师的自觉的行为要求，用职业道德指导自己的教育行为实践，激发职业理想信念。

教师的工作是一种人际交往的工作，其职业规范体现在教师与相应的交往对象能否建立积极协调的人际关系。幼儿教师主要交往的对象有幼儿、家长、同事，教育中还需要认识和面对自己，调整自身行为，以下我们主要从教师交往的这四个主要对象来探讨教师的职业规范，如图 2-1。

图 2-1　幼儿教师职业道德规范结构图

根据教师职业道德的四个维度，幼儿教师的职业规范具体包括如下方面。

——尊重、热爱幼儿，对幼儿细致照顾、耐心教育，成为孩子"白日里的妈妈"。

——掌握幼儿发展的年龄特点，尊重幼儿的发展规律，为有特殊需要的幼儿提供个别化指导。

——公平地对待每一名幼儿，以正面教育为主，多给予鼓励和表扬；为幼儿发展创造安全的、健康的生活环境，为幼儿提供丰富的、适宜的教育活动和游戏。

——观察幼儿，倾听幼儿的想法，站在幼儿的角度理解幼儿的行为和需要，给予适宜的指导，陪伴幼儿的成长。

——熟悉幼儿教育的基础知识，根据相关的文件要求，结合幼儿园的实际情况，制订班级计划，合理安排幼儿一日生活，寓教育于生活，发挥环境的教育作用。

——与家长建立相互信任的关系，密切联系沟通，发现和挖掘家长及社区的教育资源，同时发挥幼儿园的文化辐射作用，为家长和社区公众提供育儿支持及宣传引导，共同创造幼儿成长的良好社会环境。

——与同事建立和维持信任合作的关系，营造良好的人际关系，互相学习，共同提高。

——及时撰写教育日志或笔记，反思教学，积累教育经验，提升教育技能，更新教育理念，树立终身学习的思想。

——坚持使用普通话，用语文明，说话简洁，表达清楚，语不俗，音不高。

——衣着整洁、大方得体，符合教师身份；应注意着装对幼儿的影响。在幼儿园内不穿奇装异服，不穿过于暴露、紧身的服装，以便于组织活动；不浓妆艳抹，不披发、不佩戴饰物，不留长指甲，不穿高跟鞋、拖鞋。

——站姿挺拔，坐姿端正，走路从容，在孩子面前不抱胳膊、不叉腰、不跷腿，行为举止符合职业要求，为人师表。

——调整好自己的身心状态，不把负面情绪带入工作现场，保持温和的态度，以饱满的热情投入日常工作。

资料链接 2.3

全美幼教协会的职业规范
——对待幼儿的职业规范（节选）

美国幼儿教育协会（NAEYC）认为，幼儿工作者的很多日常决定具有道德和伦理上的意义。美国幼儿教育协会的《道德行为准则》对负责任的行为提供了指导方针，为解决儿童早期教育过程中可能遇到的主要道德两难情境，提供了一种普遍的依据。其核心是关注为出生到 8 岁提供的教育方案的日常实践，规则不仅适用于托幼园所，也适用于不直接与儿童打交道的一些专业人员，包括了项目管理人、家长教育者、学院教授及儿童保育资格认证专家。

儿童早期教育的道德行为标准，是深深植根于儿童教育领域发展历史中对核心价值的承诺。我们承诺：

• 认为儿童期在人的一生的发展当中是一个独特的和重要的发展阶段；

• 儿童教育工作要建立在儿童发展知识的基础之上；

• 我们认为，只有在家庭、文化和社会环境当中才能更好地了解儿童；

• 尊重每个个体（孩子、家庭成员、同事）的尊严、价值和特性；

• 在信任、尊重和积极关注的环境当中，帮助儿童和成人挖掘他们的潜能。

对幼儿的道德责任

幼儿期是生命过程中的一个独特的和有价值的重要阶段。我们最重要的责任就是为幼儿提供安全的、健康的、有价值的和应答性的教育环境。我们致力于儿童的发展——通过尊重个性差异、帮助他们学会共同生活和工作，以及培养他们的自尊来支持他们的发展。

一、理念

Ⅰ-1.1 熟悉幼儿教育方面的基础知识，以及通过继续教育和在职培训不断提高能力水平。

Ⅰ-1.2 把教育实践建立在幼儿发展领域的现有知识相关的原则，以及每个幼儿的特殊知识的基础之上。

Ⅰ-1.3 认识和尊重每个幼儿的特性和潜能。

Ⅰ-1.4 理解每个幼儿的特殊的弱点。

Ⅰ-1.5 创设和维持安全的、健康的，能促进幼儿的社会性、情感、认知和身体发展的，尊重他们的人格和贡献的环境。

Ⅰ-1.6 支持有特殊需要的幼儿参与到与他们的能力水平相适宜

的常规的幼儿教育机构中的权利。

二、原则

P-1.1 首先，我们不应当伤害幼儿。我们不应当参与到那些不尊重幼儿的、危险的、剥削性的、可耻的、恐吓幼儿的，以及对幼儿会造成心理伤害或身体伤害的活动中去。这条原则具有优先权。

P-1.2 我们不应当参与到那些以幼儿的种族、宗教、性别、国家、地位、行为或他们父母的信仰为基础的，表现为剥夺权利、给予特权或从教育机构和活动中把他们排除出去的歧视幼儿的活动中去。这一原则不适用于那些有法律规定的、只为某一特殊幼儿群体提供服务的教育机构。

P-1.3 我们应当让那些有相关知识的人(包括全体工作人员和家长)都参与到与幼儿有关的决策当中来。

P-1.4 在对一个幼儿和他的家庭进行适宜的教育后，如果幼儿仍然没有从这个教育过程中获益的话，我们应当以一种积极的方式同家庭交流我们的意见，并为他们提供帮助，帮助他们找到一种更适合于幼儿的教育。

P-1.5 我们应当熟悉幼儿受虐待和被忽视的症状，知道并遵照社会程序和各州的法律来保护幼儿免受虐待和被忽视。

P-1.6 当发现了幼儿受虐待或被忽视的现象时，我们应当把它们上报到有关的社会机构，并且继续追查，直到确信已经采取了适宜的行动。如果可能的话，可以通知父母针对幼儿的治疗已经安排好了。

P-1.7 当别人告诉我们，他们怀疑某一个幼儿被虐待或被忽视，而我们又缺乏证据时，我们将帮助这个人采取适宜的行动来保护这个幼儿。

P-1.8 当一个幼儿保护机构没有为受虐待或被忽视的幼儿提供足够的保护时，我们应当知道通过努力工作来提高这些服务质量是我们共同的、道德上的责任。

P-1.9 当我们意识到一个活动或一种状态会危害到幼儿的健康和

安全，但以前并不知道而已经这样做了时，我们有责任去告知可以补救这种状态的人和那些可以使别的幼儿免受同样的伤害的人。

（资料来源：周轶群，丁文月译自 Dorothy June Sciarra：《Leaders ＆ Supervisors in Child Care Program》，Delmar Thomson. 2001：第 59～67 页）

幼儿教师的班级工作

班级是由教师和幼儿组成的人群集合体，是幼儿生活、学习、交往的场所，教师以班级为单位展开各项工作。幼儿园班级工作与中小学班级工作不同，学校班级的主要功能是组织教学，而幼儿园教育由于对象的特殊性，班级的首要功能是组织幼儿的集体生活，满足幼儿生理和情感的需求，其次才是幼儿的教育教学活动，为幼儿的入学做好准备。幼儿园班级工作涉及保教工作和管理工作，两者统一在幼儿的一日生活中，同步进行。

1. 班级工作的内容

班级工作以幼儿生活为核心，需要合理安排和组织班级的人、物、事，以及有效的使用时间、空间，按照基本的工作程序，做到有规范有条理，为幼儿发展创造一个有序和谐的环境。班级工作具体包括了以下五方面，在后面的章节有详细的介绍。

（1）创设与管理班级环境：教室布置、空间安排、活动区等；

（2）管理班级各项事务：执行保教制度、常规工作、物品使用与保管等；

（3）组织幼儿的一日生活：生活活动、游戏活动、学习活动等；

（4）家园联系与合作：家访、家长会、亲子活动等；

（5）教师自身的专业化发展：学习、实践、记录、反思、再实践等。

这五项工作正如前文所说的，是以幼儿的一日生活为基础的，是一个协调统一的过程，共同指向幼儿的全面发展，教师要树立保教合一的整体教育观念。教师是班级工作的管理者，是管理的主体，要发挥周围环境的教育价值，引导幼儿的发展方向，激发幼儿的积极能动性，在师幼的双向互动中实现幼儿生命的灵动。

2. 班级工作程序

班级工作程序化是幼儿生活规律和习惯养成的需要，也有利于提高工作效率。为了班级工作有条不紊的进行，班级教师需要制订科学合理的班级计划，并付诸实践，在实施的过程中检查和总结，不断提高保教质量。

（1）每学期工作安排

①学期初填写幼儿及家庭基本信息，建立幼儿名册，制订切实可行的学期班务计划，初步布置活动室环境、安排家具和装饰墙面等。

②学期中执行计划，观察幼儿，参与教研活动。

③开展各种形式的家长工作，学期初和期末召开家长会。

④学期末统计班级幼儿出勤情况，整理计划和活动设计方案、笔记等，撰写班务工作总结及教研总结，安排假期活动，整理教室环境、清点物品等。

（2）每月工作安排

①总结上月班务工作，制订下月计划，明确工作重点，更换部分玩具、图书。

②每月更换家园联系栏，每月争取开一次家长会。

③有针对性地观察幼儿，及时发现问题，撰写观察笔记，与家长个别沟通。

④完成主题教育活动，统计幼儿本月出勤情况，进行教学反思。

（3）周及每日工作安排

①小结上一周计划执行情况及效果，制订并执行本周计划，合理安排一周工作。

②准备本周活动的玩教具材料，观察幼儿，写家园联系册将幼儿表现反馈给家长。

③制定每日教育活动方案并根据实施情况和幼儿实际行为表现，反馈活动效果，进而调整第二天的活动方案。

④撰写教育笔记和幼儿个案。

班级教师要以本班儿童的发展特点和兴趣为出发点，结合园所教育目标和要求，以及教师自身的实际制订班级计划，做到以促进发展为目的、突出重点工作、统筹协调各要素，滚动式前进。

资料链接 2.4

四环游戏小组周活动计划示例

（2011 年 3 月 28 日—4 月 3 日）

一、近期需要重点沟通的几件事情

1. 在蒙氏活动期间，请大家一定要轻声说话，给孩子做榜样，如果孩子声音大，请轻轻地走到他身边轻声地提醒他，尽量不要影响到其他孩子。

2. 请多发挥黄毅妈妈邱老师的作用。

二、本周主题活动

（一）本周活动源起

1. 春意渐浓，很多植物都开花了，后海是咱们的天然教室，所以本周将组织一次"找春天"的后海游，并陆续开展春天的相关活动。

2. 本周是三月末，而且 4 月 7 号就是四环游戏小组的七周年庆了，所以本周将开展一次集体生日会的活动，为三月份的孩子过生日，也为即将到来的周年庆做铺垫。

（二）主题活动计划

周一　后海游，找春天

周二　春天到了（结合后海游总结春天的特征、有哪些蔬菜水果、穿着等）

周三　音乐活动：柳树姑娘（大孩子）、小燕子（小孩子）

周四　集体生日会

周五　语言活动：桃树下的小白兔

周六　画春天（可考虑手指点画柳树或桃花）

周日　一周回顾总结

三、蒙氏活动

（一）美工区

1. 小孩子：撕纸；大孩子：剪纸，剪柳条

2. 画画

3. 折纸：大孩子——双菱形、百合花

小孩子——衣服

(二)益智区

1. 大孩子：七巧板、扑克牌、下棋

2. 小孩子：七巧板、夹豆子、串珠子、拼图

(三)阅读区

书籍暂不更换，需要强调幼儿阅读的习惯。

1. 坐在桌子边看书，从前往后一页一页地翻

2. 从哪里取的书要送回原处

3. 鼓励幼儿共读一本书，相互分享

四、户外活动

(一)集体游戏

1. 大孩子：卖蒜、争四角(具体玩法见后)

2. 小孩子：桃花桃花几月开、一网不捞鱼

(二)自由游戏(注：事先一定要划分好场地，同时只能玩两种)

大孩子：齐心协力(轮胎)、踢沙包

小孩子：跷跷板、踢沙包

五、弟子规

有计划地和孩子一起诵读《弟子规》，注意采用有趣的形式，如打节奏等，特别强调与孩子们的日常生活和行为习惯的培养结合起来，鼓励孩子表演。

周一、周二：

jìn bì qū　　tuì bì chí　　wèn qǐ duì　　shì wù yí

进必趋　　退必迟　　问起对　　视勿移

解释：有事要到长辈面前时，应快步向前，退回去时，必须稍慢一些。当长辈问话时，要专心聆听，眼睛看着长辈，不可以东张西望，左顾右盼。

周三、周四：

shì zhū fù　　rú shì fù　　shì zhū xiōng　　rú shì xiōng

事诸父　　如事父　　事诸兄　　如事兄

解释：对待叔叔、伯伯等长辈，要像对待自己的父亲一样孝顺恭敬，对待堂兄妹、表兄妹，对待游戏小组的小朋友，要像要对待自己的兄弟姐妹一样友爱尊敬。

周五、周六：

zhāo qǐ zǎo　　yè mián chí　　lǎo yì zhì　　xī cǐ shí

朝　起　早　　夜　眠　迟　　老　易　至　　惜　此　时

解释：每天要早睡早起，如果晚上经常睡得晚、甚至熬夜，不但对身体不好，也会影响白天的生活。所以小朋友每天都要早点起床，准时（九点）来游戏小组，不迟到。

周日：复习

附：

1.《柳树姑娘》

柳树姑娘，辫子长长，风儿一吹，甩进池塘，洗洗干净，多么漂亮，洗洗干净，多么漂亮，多么漂亮，阿里罗！

2. 折纸

（1）上衣

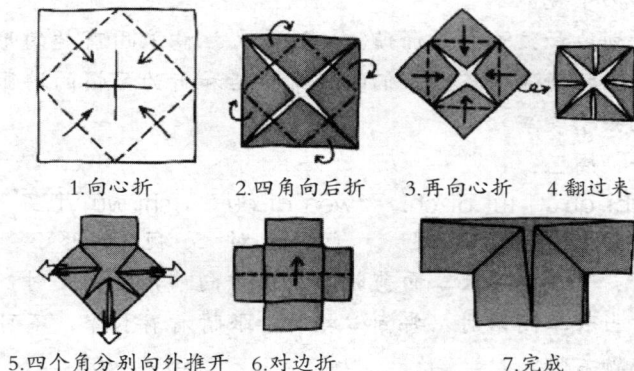

1.向心折　　2.四角向后折　　3.再向心折　　4.翻过来

5.四个角分别向外推开　6.对边折　　7.完成

图 2-2　折纸：上衣

(2)双菱形、百合花

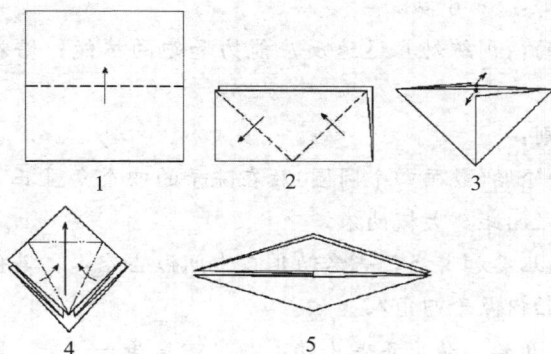

图 2-3　折纸：双菱形

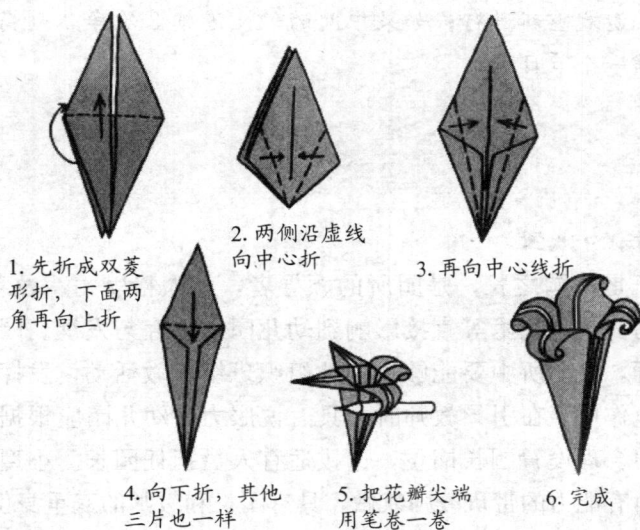

1.先折成双菱形折，下面两角再向上折

2.两侧沿虚线向中心折

3.再向中心线折

4.向下折，其他三片也一样

5.把花瓣尖端用笔卷一卷

6.完成

图 2-4　折纸：百合花

3. 集体游戏"争四角"

适合年龄：5～6 岁。

游戏目的：训练幼儿迅速反应能力和跑的技能；培养幼儿的竞争意识。

游戏规则：

(1)四个轮胎(或画四个圆圈)放在院子的四个角呈正方形，相邻的两个轮胎之间距离大概两米。

(2)五幼儿参加游戏，一名幼儿在中间做占空人，其他四名幼儿各站一个轮胎内做争四角人。

(3)游戏开始，幼儿齐唱儿歌：四角四角争——争，骑白马，带红缨，小小英雄请——请！当唱到最后一个"请"字时，站在四个角的幼儿必须跑出圈，占空人赶紧占空，占空成功的话被占的幼儿当占空人，游戏重新进行；如果中间的幼儿连续 3 次争不到角，就要罚他表演一个节目。

二、园长

园长的设置

园长是一园之长，是园所的领导者，其人格魅力、教育理念、工作能力、管理艺术等直接影响到幼儿园的生存与发展。园长是教师的教师，在园所中要能够顺利地组织班级保教活动，发挥言传身教的示范作用，在引导教师时才具有说服力。幼儿园应根据实际需要和规模合理设置园长岗位，选拔适宜人员担任园长。小型幼儿园中通常由有能力的带班教师兼做，具有园长和教师的双重身份。

园长的工作职责

园长的角色具有多重性。园长是园所保教工作的组织者，对幼儿园工作全面负责，协调幼儿园的公共关系，这就决定了园长工作内容的全面性和重要性。园长往往还身兼教师的角色，这样才能更理解教师，管理工作才更能做到人性化，对全园工作起到引领、带领和示范的作用。园长的主要工作职责如下。

1. 明晰教育理念，确立园所发展方向

园长要有清晰的教育理念，明确本园的发展方向，不能采用"拿来主义"直接照搬城市的或者外来的教育思想，而是应该将本园的发展愿景与当地需要和地域特点结合起来，形成本园的发展思路。园长要深入幼儿园教育教学活动实践，在实践中不断领悟和形成自己的教育理念，建立幼儿园的发展愿景并对全园进行教育思想的领导；要学习教育理论、国家相关政策和文件，对全员进行教育与宣传工作，营造良好的园风，建立园所组织文化。

2. 落实保教中心工作，统筹园所资源

园长首先是一位教师，能够组织幼儿的一日活动，全面关心幼儿的生活，在理解幼儿的年龄特点和发展规律的基础上组织教育，引导保教中心工作的落实，并为年轻教师的教育教学工作提供榜样示范和指导；要组织和领导幼儿园的保教工作、教研工作、总务工作等，重视教师队伍建设；统筹安排幼儿园的财力物力，管理好幼儿园的园舍、设备，按需配置必要的设施设备及消耗性材料，提高资源的使用效率，逐步改善办学条件。园长也要经常反思自己的管理和领导工作，及时发现和解决管理中问题。

3. 协调人际关系，建立良好的工作环境

教师是幼儿园各项工作的实施者，是直接决定保教质量的工作主体。园长与教师之间应是一种平等交往的合作关系，而不是雇佣者和雇佣对象的关系，双方所处的工作岗位不同而已。要建立命运共同体，在幼儿园这个工作平台上相互成就对方。园长作为园所的管理者，首先要处理好与教师的关系，关心、尊重教职员工，根据教职员工的特点安排合适的工作，为教职工的工作开展提供条件和支持，要了解和尽可能满足他们的合理需要维护其权益，要为教职工的专业成长创造条件，激励、协助教职工建立个人发展规划；充分发挥教职员工的积极性，参与幼儿园的目标制定和各项园务工作，对园所的建设发展能够形成共识、凝聚力量。

4. 服务家庭与社区，做好对外宣传

幼儿园以社区为依托，服务家长是园所重要任务，幼儿园的发展离不开家长和社区的支持。园长要做好公关工作，动员家长参与幼儿园的活动，定期组织和指导家长工作；要开门办教育、密切与社区的联系，要在增进社会公众对幼儿园的认可和支持的同时，主动参与社区工作，双方互相促进，互利共赢，共同建设和谐社区。

园长除了履行教师的职责，还需要发挥对全园工作的领导作用。我国托幼机构实行园长负责制，园长需要领导幼儿园的保育、教育和行政工作，对幼儿、教职工负责；同时也代表幼儿园，向举办者、幼儿家长及社区公众负责。因此，园长需要具有良好的思想道德品质和工作作风，具有一定的领导能力。

※　　　　※　　　　※　　　　※

实践运用

1. 您认为幼儿教师与其他职业比较，具备哪些特点？请结合教育实践中的案例谈谈你对幼儿教师职业特点的认识。

2. 和幼儿园老师一起游戏：五个教师一组，每组老师用不同词汇来形容在教育实践中幼儿带给你的收获，写得最多的一组胜出。

3. 与幼儿园老师们一起商量，共同制定园所的教师行为规范，并在实践中协作。

案例分析

我眼中的四环游戏小组
陕西省军区机关幼儿园—米青

走进四环游戏小组，进入眼帘的是园所环境，让我联想起去过的农村幼儿园，条件极为简陋。这时一位男家长急匆匆地送孩子进院里，从他身着护手、护膝的装束来看，他可能是骑摩托车送孩子到这里，从他的交通工具及着装初步分析到他是一个进城的务工人员，他没有与老师打招呼，看起来还有些腼腆，但他极有耐心、静

静地跟在孩子身旁，关注着孩子自己画考勤，没有催促、没有言语，等待着孩子做完自己的事。此时，我又想起我国的一些家长在孩子进入园门就开始絮絮叨叨，让孩子这样做，不要那样做；向老师交代多喝水、不要脱衣服、出操戴口罩等。场景的对比，让我对四环游戏小组肃然起敬。同时，让我产生了一种好奇——这个家长看上去好像是懂教育？带着这个疑问，开始了我对四环游戏小组活动的细致观察。

两个半小时现场观摩的同时，我情不自禁地抓起相机拍了起来，深深被这里的教育文化所感染。在不起眼的墙面上我被《家长育儿互动宣言》内的文字所吸引——父母承担起"孩子第一任老师"的责任；在非游戏小组活动期间，也要履行好父母职责，扮演好"孩子的法定监护人"的角色。作为教育工作者我们都明白家长所承担的教育责任，但我们却碍于"面子"，不宣讲、不明确，没有声息地慢慢放纵家长们盲目维权，使其忘记责任，使幼儿教育更为被动。在活动中，我看到有的家长蹲下来与孩子说话；有的家长坐在桌旁与孩子一起玩；有的家长参与到小组里与孩子们一起活动，时不时进行个别指导。这一场景，让我真正感受到教育孩子不仅仅是老师的事，而是家园共育的结果。

在这里，我感受到了真教育，没有功利，没有作秀，一切是那么自然而然，那么本真。

情景回放

主动邀请——我是小主人

下午2:30，一个5岁的小女孩走进班级，主动邀请和我玩，当听到我答应"好"时，她走到墙边双手用力地将叠起的椅子取下两把，摆放在桌旁，示意我坐下后，她说："咱们玩插塑吧。"然后到玩具柜取了一小筐放在桌上，我问："咱们插什么呢？"她说："你插什么都可以，插一个你喜欢的东西就行。"这个小女孩的行为让我惊叹，不怕陌生人，做事主动、积极、有主见。

感悟：幼儿是一个社会的人，他生来就具有人的尊严和价值，有自己独立的人格。作为成人，应充分认识到幼儿在活动中的主体地位，让幼儿在活动中充分发挥自主性、独立性。

努力坚持——我能行

下午 3:30 是户外活动时间，孩子们在跳大绳，不同年龄段的孩子们都在排队等待轮流上场，上场的孩子有的能连续跳十几下，有的一跳就被绳子绊住了。连续跳的孩子，老师鼓励她再坚持多跳几下，她坚持着、努力着，那份坚韧让我感动；一跳就被绳子绊住的孩子，老师耐心地指导她掌握方法，她一次一次地尝试，却没有放弃。

感悟：在孩子们的身上，我看不到急躁，也看不到无奈，看到的是一颗颗纯真的心，为自己的目标去努力坚持。协助孩子们形成坚持不懈、持之以恒的良好意志品质，应该是教师与家长携手共进、努力付出的结果。

坦诚回应——我错了

下午 4:00，老师组织孩子们评价自选游戏活动中的作品，一个小男孩离开座位，站在玩具柜旁翻找着什么，老师看到后停下话语，朝小男孩询问："你在干什么？"小男孩似乎意识到自己的行为不妥，停顿了一下便说："我在找一个东西。"老师用自然的声音说："回到座位上。"男孩坐回到原位。

感悟：对孩子做得不对、不好的行为，吼叫打骂是不能促使其改变的，老师温和的表情、坚定的眼神、低声地讲道理，而又不失原则，孩子才能听进去。

……

在这里，我感受到了孩子们的自信、专注、独立……

在这里，我感受到了老师们的专业、原则、从容……

在这里，我感受到了家长们的积极、主动、投入……

分析与思考

作为教育工作者，需要常常静下心来理性思考，幼儿教育朝什么方向走，而不是盲目跟风，盲目追求特色、求新意，会淡忘了孩子们的成长需要，过分强调物质环境，会使老师们建立"追求物质至上"的价值观，而缺少灵性，形成惰性。

这样的感受让我许久都沉浸在深思中。

(1)什么是好的幼儿教育？我所在幼儿园的孩子们与这里的孩子相比较，他们接受的教育又缺少些什么？

(2)什么是孩子最需要的本真教育？家长在孩子成长中的角色是怎样的？教师可以如何引导家长激发其教育主体意识？

（案例改编自四环游戏小组博客）

拓展阅读

做幸福的老师

——李镇西大讲堂演讲稿(节选)

商　云

时间飞逝，转眼间，从事教育工作已有十几个春秋。回首教育教学工作，有挫折与艰辛，有汗水和困惑，但更多的是关于生命的成长与幸福。有的老师说，当老师工作累，事务繁杂，每天起早贪黑，就像网络上所说"起得比鸡早，睡得比猪晚……"劳心又劳力。也有的老师认为工作压力大，现在的孩子说不得，骂不得，还要面对上面成绩的考核，整天戴着紧箍咒前行。还有的老师认为自己的工作强度大，付出的太多，得到的报酬却太少，工资上涨的速度远远赶不上物价上涨的速度。面对这众多的困扰，老师谈何幸福啊？

我认为，束缚自己、让自己烦恼的不是教育制度，也不是上面所说的这些问题，而是自己的内心，只有解放自己的心灵，才能看到那一抹属于自己的绚丽色彩。我说，其实幸福就在身边，只是缺少了发现的眼睛和感受的心怀。

一、守望和见证生命的成长

我们教育的对象是孩子，而孩子是一个个有个性的鲜活的生命。他们朝气蓬勃，他们调皮可爱。尽管，他们的调皮顽劣与"不听话"，会让我们品尝到教育的挫败、烦恼与困惑，但只要我们用爱心滋润爱心，以童心唤醒童心，用心去感受，用发展的眼光去观察，我们时刻在享受生命成长的幸福。

教育的本质应该着眼于人本身，就是为了人的成长，就是"为了人一生的幸福"。所谓"三生教育"，是关注人的生命、生活、生存的教育。当教育关注了人的生命、生活和生存本质的时候，那就不单纯是"分数是唯一"的教育了。因此，教师的职业价值乃是能够守望和见证生命的成长，让学生拥有幸福一生的情感，幸福一生的本领以及幸福一生的生存基础，为其塑造良好的道德修养和健康积极的人格，帮其树立完整的人生观和世界观，努力构成一个完整的人生。

有人认为，教师辛苦教师累，时间久了，就会产生职业倦怠感。而这种职业倦怠感，让教师失去了继续前进的激情和动力，失去了身为教师的职业幸福感。如果教师学会与学生一起导演故事，那么我们的教育生活将会是另一个样子。

当然，教育故事也会有喜剧和悲剧，当教师和学生和谐共进步时，我们就当尽情享受这份喜悦和幸福；即使遇到突发的教育事故，我们也可以运用自己的教育智慧将它变成教育故事；当我们的言行无意中伤害了学生时，我们要学会反思自己的教学，避免这类现象的再次发生。无论是喜剧还是悲剧，只要自己真心地投入其中，就会有不一样的精彩。

我愿，心存一份敬畏、怜爱和责任，胸怀一种理想、使命和信仰，与学生共同谱写生命成长的精彩篇章。

二、与优秀同行

俗话说，"人以群分物以类聚""近朱者赤近墨者黑"。孔子曰："三人行必有我师焉。"你是谁不重要，重要的是你跟谁在一起。与生命中的贵人在一起，他为你的专业成长指引通往成功的道路，铺就一条云梯。与优秀的人在一起，你会感觉到成长的压力和动力，学习优秀者的长处，感受优秀的魅力，会让自己变得更优秀。我有幸与一群优秀的同事共处，一起沐浴在教育的春风里，感受他们带给我的阳光雨露。

与同行每周六的研讨活动，让我受益匪浅。在研讨活动中，我逼迫着自己去思考，去发言，去阐述自己的观点。在蒋自立老师和会所老师的鼓励下，我渐渐地丢掉了自卑害羞的弱点，变得自信起来，"健谈"起来。这些活动，对我的成长是一种机会，也是一种锻炼。

我如饥似渴地从研讨会中汲取宝贵的精神营养，以此来丰富自己的教育理念，并践行到自己的教育实践中。我将从其他老师那里学习到的班级管理经验运用到班级上，借他人智慧解决我的教育问题，最重要的是，我的学生能够健康成长，能够因此而受益。当学生家长握着我的手，激动地说："谢谢您，商老师。原本我已经对孩子不抱有希望的。我们家现在又有盼头了。"家长的一句不起眼的话，却让我体会到了作为教师的幸福。

与优秀同行，你会感到有压力，但更多的是成长的动力。我想说，与优秀同行，实在是一种难得的幸福。

三、与阅读写作同行

阅读，能够让心灵飞翔。在工作之余，我最喜欢做的事情就是让自己的心平静下来，从书籍中寻找精神的力量。我徜徉在知识的海洋里，如饥似渴地学习着、收获着。阅读，让我站在教育的高度去审视课堂；阅读，让我加深了对教育的思考；阅读，滋润了我的教育情怀。

除了阅读，我用笔或键盘，记录下我与学生的故事，记录教育生活中的点点滴滴。李镇西老师说过："写作，就是记录生命的流淌。""只有活得精彩，才能写得精彩，写作可以促使我们更好地做！"写作的过程也是反思、总结、提升自己的教育实践的过程。写作让我且行且反思；写作，促使我走上教育专业成长的道路；写作，让我收获着有关文字的幸福。

我只是一名普普通通的老师，没有什么大的成就，也没有什么耀眼的光环，我只是在用自己的方式，在追求教育梦想的路上，行走着、坚持着、收获着、幸福着。

　　亚里士多德认为：幸福来源于我们自己。李镇西老师说："优秀"与否是别人的评价，"幸福"与否是自己的感觉。我用自己的成长经历，告诉大家，改变心态，把教育当成心中的"酥油花"，坚守自己的教育信仰，因为拥有信仰才能拥有幸福。教师的幸福就镶嵌在每一个坚持的日子里；教育的幸福就体现在每一个劳动创造的日子里；教师的幸福就写在每一个平凡的日子里，那是一种"花开的声音"。

（资料来自海棠朵朵——商云的新浪博客）

教师是孩子在幼儿园每日生活的陪伴者、引导者，是孩子成长中的重要他人，而幼儿生活中的周边环境也在默默地发挥着重要的影响作用。教师要创设"有弹性""有准备"的环境。蒙台梭利曾经说过，"儿童对环境的依恋心理强烈，很想从环境中去发掘想探索的事情，发展理解力、创造力"，创设安全、温馨的幼儿园教育环境，给幼儿更多空间和时间，让他们可以按照自己独特的方式，在接触和与周围环境的相互作用中发现兴趣、释放天性、探索求知、积累经验，更好地学习和成长。

第三章　幼儿园环境规划与班级管理

　　幼儿园是幼儿走出家庭最早接触的集体生活场所，幼儿园的环境直接影响着幼儿的身心健康。幼儿年龄越小，环境对孩子的影响就越大。幼儿园要营造家的氛围，让幼儿感觉到熟悉与温馨，在每一处环境中渗透教育的痕迹，达到无声胜有声的教育效果。《幼儿园教育指导纲要(试行)》中指出，环境是重要的教育资源，应通过环境的创设和利用，有效地促进幼儿的发展。幼儿园有益于幼儿健康发展的环境：

　　· 幼儿园以小规模为宜，营造家庭式的

温馨氛围，避免过强的组织化、制度化和规模化；

• 幼儿园环境要为教育服务，便于幼儿的生活和活动，方便教师的活动开展；

• 幼儿园环境要符合安全卫生要求，定期检查维护，坚持经济、适用的原则；

• 幼儿园环境是开放的，因地制宜规划和利用社区环境与资源，发挥幼儿园的文明辐射作用。

一、幼儿园环境规划

幼儿园环境

社区是幼儿园生存和发展的地域环境。幼儿园环境规划应充分考虑幼儿园与所在社区的关系，使幼儿园成为社区生活的有机组成部分。幼儿园的举办和创设必须遵循因地制宜的原则，以中小型为宜，为幼儿及其家庭提供就近便利的育儿服务。

1. 幼儿园的选址——依托社区

幼儿教育是社区教育的组成部分，是为家庭服务的，以方便幼儿的就近入学为宜。社区是幼儿园依托的地域环境，社区的人口规模、物质资源、人力资源、文化环境都是幼儿园选址的考虑因素。

（1）幼儿园是社区的一分子，园址应选择社区人口相对比较密集的地方，可以保证生源，同时方便家长接送和参与幼儿园活动。

（2）要争取社会人员的支持与参与，发动社区热心居民、退休人员、技艺能人等加入到幼儿园建设中来。

（3）幼儿园的发展离不开社区的支持，选择园址时需要考虑社区环境，如果靠近中小学、图书馆（活动中心）、村委办公室等，可以充分利用其场地和现有材料开展室内活动；如果靠近小树林、河边沙滩、场院等，则可考虑开发利用作为幼儿的户外活动场所。

（4）幼儿园以育人为目标，选址时要以有利于幼儿身心健康发展为宗旨，选择自然、安全、卫生的场所，应远离铁路、高压线、道路口、工厂等地方，远离各种污染源。

2. 幼儿园的规模——以小型为宜

幼儿园的设置要根据各地人口数量、学前教育的实际需求和资源条件，合理设置，遵循就近、方便和安全的原则，不以规模的大小作为设置幼儿园的标准。小型的幼儿园更美好，教师更易对幼儿全面照顾、细致呵护，满足幼儿对情感的需求。从保障幼儿的生命安全、促进幼儿身心健康发展、便于服务家长及规范管理出发，幼儿园的规模应以中小型为宜，应力戒以规模为出发点，避免盲目追求效益而忽视幼儿教育对象的发展需要。

幼儿园的房屋场地与设施设备

幼儿园的环境应该符合幼儿的年龄特点和发展的需要，本着以安全、适用、够用为原则，因地制宜，经济实用，灵活多样而不追求整齐划一。幼儿园环境创设要尽可能利用社区资源实现资源共享，场地设备设施最大限度地发挥作用。教师是环境创设的主体，同时要注重发动家长、社区参与。

1. 房舍

幼儿园应根据当地的现实条件，选择安全、坚固的房舍开办幼儿园。如无专门房舍，可利用当地闲置房屋进行适当的改造。例如学校布局调整后的空闲的校舍，或者是社区中心和村委中心的房屋来做幼儿园的房舍，使潜在资源能够成为现实可用的教育资源。同时，要积极争取家庭和社区的支持，调动他们的积极性，因地制宜，改造闲置房舍。

2. 活动室及厕所

幼儿园每个班级应配一间活动室，活动室要确保采光和通风，活动室可以兼做卧室，以最大限度地利用室内空间。

幼儿园应设有幼儿单独使用的厕所。厕所的设置或是改造要以安全为原则，蹲坑宽度应适合幼儿，位置要方便进出。应责任到人，经常打扫，确保卫生清洁。

3. 户外场地

足够的户外活动场地，有利于幼儿进行充分的户外活动，锻炼身体，接触新鲜空气和阳光。户外场地不一定是幼儿园专有的，可以将周边环境中的资源，如社区公园、小学操场，尤其是在农村地区，农田、菜地、树林都可以成为幼儿园的户外活动场地。有的幼儿园的场地比较大，可以向社区开放，在非使用时间如傍晚、周末让社区居民享用幼儿园园舍场地，实现资源共享，互惠互利。

4. 活动设施

有条件的幼儿园可以提供一定的大型玩具与活动器材，如滑梯、木马、平衡木、跷跷板等，器械和设施等要坚固耐用。这些器械和活动设施不一定是专门化的、拿钱买来的，园所可以根据当地实际情况发挥能动性，动手制作设施材料，例如利用树和粗绳制作秋千、堆土坡、设置沙坑等，利用废旧大轮胎制作跳马、平衡桥等。

幼儿园应因地制宜，充分挖掘乡土资源与教材，开发具有当地特色的运动器具与材料，如用废旧的材料制作梅花桩、空竹、陀螺、沙包、铁环等，为幼儿的充分活动和游戏提供良好的条件。

表 3-1　农村幼儿园活动设施配备参考种类

类别	名称	类别	名称	类别	名称
体育类	攀登架	游戏类	滑梯	教学类	磁性黑板
	平衡木		跷跷板		各种挂图
	跳绳		秋千		教学卡片
	沙坑、沙箱		陀螺		教师用书、杂志
	沙包、沙袋		废旧轮胎		打击乐器
	各种球		高跷、梅花桩		录音机及磁带
	单杠、双杠		毽子		折、剪、贴材料
	爬杆、爬绳		大型积木		泥塑用具

续表

类别	名称	类别	名称	类别	名称
体育类	隧道、孔洞	游戏类	荡桥	教学类	蜡笔、粉笔、彩笔等
	滚筒		绳环		
	铁环		各种模拟生产、劳动的工具，如小桶、铲子等		
	水池		游戏的道具，如头饰套圈		

注：本表参照刘贺英等编著的《农村幼儿教育管理》。

资料链接 3.1

幼儿园环境创设要多一些自然本色

幼儿园是幼儿生活和游戏的场所，让幼儿生活得舒服玩得快乐应该是环境创设的目标。我们总是从成人的标准出发，把自认为好的东西给孩子，装饰得五颜六色的墙壁，铺上塑胶的跑道，高档的成品玩具，确实很吸引家长的目光，这些被成人精心创设的环境，恰恰忽视了儿童的视角。须知在儿童眼中没有一方草地、一块水池、一把泥土不具有吸引力的。幼儿园的环境是以幼儿为主体的环境，要站在儿童的视角来设计，满足他们对环境探索的心理，在保障安全的前提下做到自然化、生活化、参与性和活动性。

儿童对自然具有与生俱来的兴趣，亲近自然是幼儿应有的权利。幼儿园的环境少一些成人化、商业化的成分，多一些自然本色。青青的草地、绽放的野花、粗糙的树藤、攀壁的爬山虎；飞舞的蝴蝶、忙碌的蚂蚁、爱唱的知了、雨后的蜗牛；树墩做的椅子、地面挖的渠道、易拉罐的高跷、散落的树叶等都是儿童喜爱的环境，像温柔的老师给予幼儿耐心的等待，鼓励幼儿去探索秘密，收获发现的喜悦。

家是最温馨的港湾，是幼儿最依赖的环境，那里有最亲的人、

— 61 —

最熟悉的空间。幼儿园是幼儿的第二个家，一日生活的吃喝拉撒都在幼儿园度过，创设一个安全、温馨的充满生活化的环境可以满足幼儿情感的需要。这里有软软的靠垫、高矮适宜的桌椅、随手可触的图书、各式各样的玩具，这里有柔软的大手、友爱的笑脸、宽松的氛围、活动的自由，让幼儿置身在家的环境中。

幼儿是环境的主人，他们有权利发表对环境创设的意见，他们有权利参与到自己环境的布置中。幼儿天生就是艺术家，他们有发现美的眼光，有创造美的能力，他们能把自己生活的空间打造成美的世界；幼儿天生就是教育家，他们有朴素的教育内容，有独特的教育途径，有隐形的教育力量，要给予机会让他们在环境创设中淋漓尽致地释放出来。

变化的事物总是能够吸引幼儿注意力，环境中的变动是保持幼儿新鲜感的源泉之一。觉醒理论认为，新异刺激能激发幼儿探索的欲望，环境创意不能一成不变，适当的改变对于幼儿可以激发兴趣，如户外活动器械的重组或位置移动，活动区角的增减或重新规划，活动材料的投放或更换收藏等都给幼儿提供一个神奇、充满想象的探索的空间。

二、幼儿园班级管理

班级是幼儿园的基本单位。为幼儿营造一个简朴、有序而温馨的班级环境，有利于发挥环境潜移默化的影响，让幼儿快乐生活、健康发展。

班级管理包括：（1）对幼儿进行编班，建立幼儿名册；（2）制订与实施班级计划；（3）合理规划幼儿活动空间及提供班级活动材料，即教师对人、物、事的教育管理。不同年龄班级在管理上侧重点是不同的，混龄班级的管理则需要视班级幼儿的年龄和能力的实际情况进行管理。幼儿是活动和发展的主体，教师在班级环境创设与管理中要让幼儿参与进来，听听幼儿对班级环境创设的意见，鼓励幼儿承担班级管理的责任，如做小组长、值日生等，学习自理和为大家服务，成为班级的主人。

编班，建立幼儿名册

幼儿入园时，教师应了解和登记幼儿的年龄、健康状况、家庭背景等基本资料（见附录表 3-1），在此基础上根据幼儿的年龄或能力合理编排班级。

中型以上的幼儿园一般根据年龄编班，每个班级幼儿以 20～35 人为限，小年龄儿童的班级规模相对小些，在入园人数多的时候可以适当扩大班额，每班幼儿数量控制在 40 名以下为宜。

农村地区人口居住分散，幼儿园规模较小，不同年龄段的幼儿人数偏少，采用混龄编班更适宜，可以提供机会让大孩子照顾小孩子，小孩子向哥哥姐姐学习。混龄编班也适合城市地区的幼儿园，可以让独生子女体验到兄弟姐妹的角色，有利于发挥同伴资源的优势。

农村地区幼儿园每个班级有 1 位幼儿教师，条件好的可以有 2 位教师；在人手不足的情况下可以发动家长参与幼儿园活动，承担配班或辅助教师职责。城市地区的幼儿园可参考相关文件同时根据实际需要合理安排师生比。

在编班的同时，要建立班级幼儿名册（见附录表 3-2）。教师要尽快熟悉幼儿，多与家长联系沟通，尽可能全面的了解班级每个孩子的基本情况，并记录幼儿每日出勤情况等信息（见附录表 3-4、表 3-5）。

制定幼儿一日生活作息制度

合理的生活作息制度有利于幼儿建立节奏形成生物钟，培养生活规律；同时也有利于稳定幼儿的情绪，养成良好的生活习惯，促进他们身心的正常发育和健康发展。幼儿园应该根据所在地区自然地理条件、季节气候的变化及幼儿园的具体情况拟定合理的作息制度，并坚持执行。

制定幼儿一日作息制度的基本原则。

1. 寓教育于生活的原则

幼儿教育强调养成教育，要在幼儿生活中随时随地发现教育的契机，灵活地开展相应的活动，引导幼儿在生活中学习。

2. 室内外交替的原则

室内活动和户外活动应交替开展。运动能够促进幼儿的身心发展，因此要保证充足的户外活动时间和运动量，每天不得少于 2 小时的户外活动。根据冬夏温度及日晒时间长短等季节的变化，做出适当调整。

3. 动静结合的原则

幼儿活泼好动，但身体发育不完善，易疲劳，在较强运动量之后需要安排运动量小的或者安静的活动。活动性质和形式的变化，本身就是一种休息的方式，同时变化的活动还能激发幼儿的兴趣。

4. 因地制宜的原则

幼儿园应根据实际情况与需要决定是否提供饮食。不提供餐点和午睡的幼儿园，教师要尽可能与家长沟通，合理饮食，并安排幼儿在家中进行午睡，保证生长需要的睡眠时间。

小、中、大班在作息制度的安排上有一定的差异。一般地，小班的各项活动持续的时间更短，应经常变换活动的内容，做到劳逸结合。由教师组织的集中教育活动的时间宜小班、中班和大班有别，从 20 分钟逐步增加至 30 分钟。作息制度还应根据季节的变化相应调整。

5. 方便家长的原则

幼儿园的作息制度要考虑家长的接送时间，以达到服务家长的目的。例如，根据家长的需要，幼儿早上可以提前入园，或者下午适当延后离园；农忙时节，可根据家长要求对作息时间安排作适当调整，兼顾规范性与灵活性。

表 3-2　幼儿园一日作息制度实例

	时间	活动内容	备注
上午	7:30—8:00	入园接待、晨检及晨间活动	可根据家长时间提前入园
	8:00—8:45	室内自选活动或早餐	小组活动和自由活动为主
	8:45—9:30	户外集体活动：早操和集体游戏	根据家长和幼儿园实际情况决定是否提供早餐
	9:30—10:10	室内集体活动：过渡环节和教育活动及生活活动（喝水、如厕等）	
	10:10—10:30	生活活动（如吃点心）	
	10:30—11:00	户外自由活动	根据实际情况决定园所是否提供
	11:00—11:30	室内集体活动：阅读活动及总结，组织幼儿离园	教师提供可供玩耍的玩具　幼儿园根据自己情况组织活动，如集体诵读
中午	若是全日制，可组织午饭和午睡，也可回家午饭		
下午	14:15—14:30	教师到岗，准备接待幼儿（或者是起床后的生活活动）	
	14:30—15:15	接待幼儿，午检，室内自选活动	
	15:15—16:00	户外集体游戏	
	16:00—16:30	室内集体活动	
	16:30—17:00	生活活动（如吃点心）	
	17:00—17:30	户外自由活动	
	17:30—18:00	室内集体活动，今日小结，组织幼儿离园	

　　注：本一日作息表包括半日制（仅上午作息时间）、全日制（包括上、中、下午作息时间）托幼机构，涉及内容较多，仅供参考，各幼儿园应根据本园实际情况制定合理的作息制度。

活动室环境设计

1. 活动室的规划

(1)活动室设置的基本要求。

①活动室应以自然采光为宜，保证光线充足，空气流通。

②幼儿园根据当地实际情况决定是否要在夏季采用降温或冬季取暖措施。如果夏季降温，应通风，也可采用养绿色植物、挂窗帘等物理方式，尽可能减少空调的使用；北方冬季寒冷可以安装取暖设备，若使用煤气或火炉取暖应注意安全。

(2)活动室的空间规划。

①活动室空间规划与区角设置要发挥实用性、可变性、教育性。

②以安全为第一要务，保持通道畅通、便于走动，便于教师关注到每一名幼儿。

③利用周边环境开展区域活动，如活动室外的空间、户外的沙地、村上的菜地，或是共用小学的科学室、小区的图书馆等。

(3)活动室的墙面布置。

①幼儿园的墙面是教育资源的重要组成部分，让幼儿参与到班级墙面的布置中，会激发他们的兴趣和关注，可以将教育的内容通过环境传递给幼儿，让墙壁发挥教育作用。

②以浅色调为宜，突出柔和、安静和舒适的气氛，注意随季节变化有所更新。

③在适当位置悬挂儿童喜闻乐见的图画，展示幼儿作品，让幼儿感受到自己的进步与成就。

④利用墙壁延伸教育活动，如主题墙，将教育可视化，要注意墙壁的布置不宜过度，过于关注墙面布置及其变换，会误导教师注意外在的形式，而忽视了根本，孩子才是最重要的目的。

2. 活动室的必备家具与游戏材料

幼儿园应从自身的实际条件出发，因地制宜，合理配置必要的设备和材料，即在符合幼儿身心发展特点和卫生安全要求的前提下，设备和材料的添置要与当地经济发展水平、园舍所在地域自然地理条件、风土民俗相适应，充分利用当地资源。即使财力许可，也不宜处处追求"大、洋、全"和"城市化"。

一般而言，活动室应配置以下家具、设备和材料。

(1)必备的家具。

幼儿园要为幼儿生活配置桌椅、玩具架、图书架等必要的家具，以及盛放教师开展活动所需材料的柜子。这些家具的构造、布局和使用要适合幼儿的身心发展和年龄特点，同时要便于保教人员开展工作。

①桌椅：可以是双人小长桌、六人长桌，也可用圆桌或者是其他形状的桌子。椅子应按照单人单椅配备，尽可能不使用长条凳。

桌椅的高度要适合幼儿的身高，要有利于幼儿保持正确的坐姿，不易疲劳。如条件许可，不同年龄班幼儿桌椅的高度应不同，避免使用成人的桌椅。

桌椅的摆放可以根据活动室空间大小、幼儿人数和活动的需要而加以调整，不一定固定放置。可以将椅子摆成半圆形，方便教师与所有幼儿的互动和拉近距离；可以摆成长条形，方便幼儿组内互动与合作；也可以布置成传统的教室，便于教师教学等。

②玩具架、图书架：高度要适合幼儿的身高，以方便幼儿取放材料为宜，以开放式的为主，让幼儿看得见、拿得到，便于选取使用。材料摆放要整齐，拿放有序，以培养幼儿的秩序感，并养成收放整理的习惯。

③其他：除了必要的家具(如桌椅、玩具架、图书架)以外，还可以有柜子、各种橱柜等，要求安全、实用、经济。若是空间面积有限，可以考虑将橱柜固定安放在墙壁上。

(2)游戏材料及玩具。

幼儿园以游戏为基本活动。每个班级应尽可能地为幼儿提供一定数量的、适宜的半成品和具有操作性的玩具材料。常备室内玩具有积木、积塑、串珠、拼图、配对图片、七巧板、棋类玩具以及半成品的废旧材料，供幼儿动手操作创造；常备的室外玩具有球类、沙包、毽子、高跷、梅花桩、跳绳等。

幼儿园应尽可能发挥教师积极能动性和发动家长参与，自制各种玩具和操作材料。玩具和材料的提供及使用应注意的事项：

①材料易得、制作简单、易于操作、安全环保、变废为宝。

②玩具材料以自然的为好，不一定是从商场购买来的专门玩具。提倡利用周边自然条件，结合当地的实际情况，开发适合的幼儿玩具，如沙包、高跷、梅花桩等。

③乡土的为好，而不宜追求城市化。每个地方都有自己的乡土文化，有很多传统的玩具，为幼儿所喜爱，如陀螺、铁环、竹竿、毽子等。乡土玩具材料能提供有利于激发孩子对家乡的认同，唤起当地人的文化自信。

④半成品为好，非专门玩具如半成品材料因用途不固定，更富于操作性，可以提供更大的想象和创造性地利用的空间。玩具材料不是用来摆设的。

⑤动员幼儿和家长参与收集身边的适宜材料，鼓励家长制作民间乡土玩具。

班级环境创设是为幼儿活动服务，不能是固定化的，要定期的进行调整。这里的调整是游戏材料的收起或者更换，或是某个墙面幼儿作品的展示，又或者是桌椅摆放的改变等，都能激发幼儿的好奇心，吸引幼儿对环境的兴趣；幼儿园班级环境注重随机性，给环境留有一定的"空""白"，让幼儿能够参与到班级环境的布置中，创设人与环境互动的契机，营造环境育人的功能。

资料链接 3.2

好幼儿园≠豪华的园舍与设备

远远地看见一座像城堡一样的房子，粉刷得五颜六色，令人马上想到这是幼儿园。很多幼儿园为了吸引生源，把幼儿园园舍装饰得豪华漂亮，换上高级的塑胶跑道，购买奢侈的玩具。这些外在的形式也许能吸引家长的关注，但是家长最关心的还是幼儿园的质量，追求的是幼儿的健康发展。高投入与高质量不能画上等号，真正适合幼儿身心发展的才是好的。我们认为，幼儿园的物质投入在保障幼儿身心安全的基础上，可以遵循以下几条标准。

自然的才是好的。幼儿园的物质建设、活动材料要尽可能体现其自然本色，例如户外的凳子就可以用树墩子做。这样做既可以节约幼儿园成本，还能发挥教育、美化的功能，让幼儿正确认识事物，反倒是那些花里花哨的装饰会给幼儿造成视觉上的污染，甚至是对儿童身体有害。

活动的才是好的。购买成套的幼儿园的设施设备、玩教具，不仅占用大量的固定空间，经常放在那成了摆设；而能够经常变动，有多种玩法的活动设施、玩教具，例如地道、沙坑等，对儿童来说充满了好奇，激发幼儿的探索。

互动的才是好的。幼儿是活动的主体，通过与周围环境互动获得发展。静静地摆放在活动场地的设施、玩具或者装饰画，只可远观不可接触，新鲜不了几天就会成为被遗忘的角落。幼儿喜欢自己参与的活动，给幼儿提供半成品材料或是提供未完成的班级环境创设，可以让幼儿与材料、与环境发生互动，在互动中学习。

手工的才是好的。再豪华、再精美的物质条件也没有渗透成人情感的物品对幼儿更有吸引力。家长、老师利用废旧材料给儿童制作的玩教具，幼儿自豪地说："这是我妈妈做的，这样玩的。"多开心。一个沙包、一个毽子、一个高跷，成为了孩子最爱玩、最珍惜的物品。

(3)图书。

每个班级应提供适合幼儿阅读的图书，包括图画书、童话书、儿歌、生活故事、知识性图书等，一般以幼儿人均3册为宜，至少保证人均1册。要定期更换图书。选择图书应注意以下事项。

①符合幼儿的年龄特点和身心发展规律，具有趣味性和教育性。

②形象鲜明，色彩和谐，具有美感，纸张结实，印刷清晰。

③图书要以图为主，内容的长短要适宜，符合幼儿的年龄阶段

特点，以保持幼儿阅读的兴趣。

④图书宜放于低矮且开放的书架，便于幼儿取放和学习分类整理。

⑤鼓励幼儿要自己带书来和同伴分享，也可以在班级之间交换图书，从而扩大图书资源与使用范围，同时引导幼儿学习分享。

（4）必要的文具和办公用品。

每个班级应提供活动所需的文具，如剪刀、胶水、各种纸张、铅笔、蜡笔、粉笔等，方便幼儿进行多种形式的活动。同时，有条件的幼儿园可配备录音机等办公用品，以方便教师开展活动。

一般不提倡配备电视，避免用看电视代替幼儿园丰富的日常生活和活动，乃至剥夺幼儿感官发展的机会。幼儿园是充满爱、充满温情的地方，更多的是人际交往互动的过程，教师要充分尊重幼儿的主体性，让幼儿运用多种感官在环境中自由的探索学习，而不是被动地接受来自外界的已经被认知的世界。有条件的幼儿园如提供电视，需严格控制幼儿看电视的时间，同时精选适宜的电视内容。

制订与实施保教计划

教育活动的组织不应是随意的，需要教师要有计划、有目的地进行。合理的保教管理工作要依据管理的基本环节、制订保教计划、执行计划、检查执行的情况，总结保教计划执行的经验、教训，使工作规范化、常规化。计划、执行、检查、总结这样四个环节是保教工作的过程，也是班级管理的过程（如图3-1）。这四个环节的结束，又开始了一个新的保教过程的周期，幼儿园的保教活动这样周而复始，不断螺旋式上升。

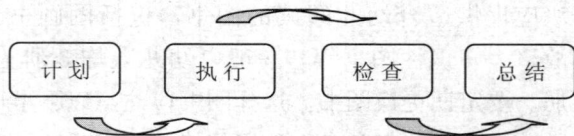

图3-1　班级管理流程图

资料链接 3.3

代明的管理过程理论

代明(W. E. Deming)是美国管理学家、统计学家。代明首创全面质量管理的思想方法和工作步骤，提出了管理过程理论。

代明认为，一切有过程的活动如生产活动、科学研究，都是由四个环节所构成，计划——实行——检查——总结，这四个基本环节或阶段构成了管理活动的周期。他将这四个阶段看做是管理的最基本的职能活动，这四个阶段被有顺序地安排在圆环中，形成一个完整的管理过程。圆环不断旋转，反复循环，将管理活动不断推向前进（如图 3-2）。代明的管理过程理论被称做"代明环"。

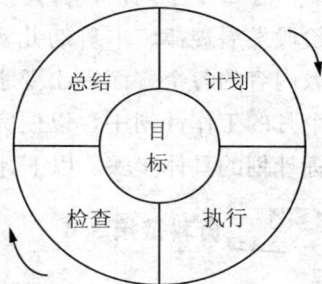

图 3-2　代明环

代明关于管理过程的理论，在工业管理中得到普遍采用，特别对于提高产品质量，改善企业经营管理起了积极的作用。代明提出的计划、执行、检查、总结的管理过程四环节主要是对管理进行广义的控制过程，是有着自身目的和运动程序的控制系统，对经营和管理十分有效。当今代明环也被引入科研工作管理和学校教育管理中。

代明环作为现代管理的工具，反映了管理的规律和特点，因而被广泛接受并运用于管理实践中，日本管理学者石川馨对代明环做出了这样的评价："什么叫管理，代明环不停地转动就是管理。"代明环的管理过程的最大特点就在于对管理提供了科学的思想方法和工作程序。

1. 制订和实施保教计划

合理而科学的保教计划，有利于明确保教人员的具体工作内容，配合协调，落实教育目标，保证保教任务的完成。制订保教计划需要遵循国家幼儿教育法规的要求，如《幼儿园工作规程》《幼儿园教育指导纲要(试行)》《幼儿园管理条例》，确保方向的正确性；同时需要结合本地区、本园、本班的实际情况，因地制宜，扬长避短，确定适合本班幼儿发展的班务计划。

　　在每个学期初，首先根据对上学期工作的总结以及幼儿的年龄阶段发展规律、本班幼儿实际，提出本学期总的教育目标，并从保教内容的各个方面提出要求和措施，然后将学期教育计划分配到每个月的工作计划中，以便完成教育任务。周和日计划则是实现总目标计划的具体步骤。以下计划的实例可供参考。

资料链接 3.4

四环游戏小组半日活动计划

2012 年 5 月 19 日　周六

　　志愿者：肖月佳、杨希、小郭、于冲

　　值班家长：郑瑞琪家、张可心家

　　8:15　志愿者到达游戏小组、做好准备(材料，开窗通风，准备抹布)，志愿者之间沟通好每个环节的流程和注意事项

　　组织先到的孩子和家长协助老师清扫活动室(擦桌子、做卫生、浇植物)。由于没有值班家长，随机留下有时间的家长参与活动。

　　晨检：(肖月佳)

　　在门口和孩子轻声问好、拥抱孩子、安抚情绪，检查孩子是否带水杯、手绢，手是否干净、身体状况等。

　　提醒大孩子先去阅读室看书。

　　跟值班家长沟通需配合的事项(蒙氏分组活动、点名、集体阅读和家长合作组织等)。

　　8:30—9:15　蒙氏活动——提前把材料放到桌上，注意引导

　　晨间蒙氏强调：

　　1. 置冠服，有定位：进屋自己放水杯、摘帽并叠好放于指定

位置。

2. 执虚器，如执盈：双手拿板凳，先将板凳放置于自己选择的区域，再去取材料。

3. 尊长前，声要低：跟老师或爸爸妈妈说话要轻声细语，动作也要轻轻地。

活动室：

• 益智区：

大孩子：数字与筹码、行为习惯棋、翻绳、大色板、二项式、扑克牌、象形字、立体积木、翻翻乐。（小郭）

小孩子：拼图、翻绳、串线板、豆子分类、拼图、鸡毛蒜皮、小猫钓鱼、长条积木。（郑瑞琪家）

• 美工区：教师提前准备好材料，要求孩子把纸屑放到纸盒子里，保持环境整洁干净。务必把握大小孩子不同的水平，引导大带小。小植物写生画、小人剪纸、夏天的衣服剪纸。（白杨）

• 阅读区：激发孩子们阅读的兴趣、多请大孩子带小孩子讲故事。（于冲）

<u>9:15—9:30　过渡环节：收玩具、蒙氏总结（肖月佳）</u>

1. 简单蒙氏总结。

2. 小小播报员（时间、天气）。

3. 点名。

4. 选户外活动小组长。

<u>9:30—9:55　做操及集体户外活动</u>

热身：小班站立姿态操，小矮人、大巨人。

早操：快乐的一天、功夫小子、宁夏。

集体游戏：吃毛桃、齐心协力、买蒜。

<u>10:00—10:10　过渡、喝水、如厕</u>

<u>10:10—10:40　主题活动：音乐活动《来了一群小鸭子》</u>

活动目标：

1. 让幼儿感受音乐旋律所表达的内容，体验音乐的节奏，提高孩子的节奏感知能力激发幼儿表演的兴趣。

2. 利用图片理解，记忆歌词。

3. 能愉快的演唱歌曲体验合唱的乐趣。

活动准备：相关图片、音乐播放器

活动过程：

1. 导入

手指游戏：五只小鸭

师：上周去后海小朋友们在湖面上看到了什么？你看到的小鸭子是什么样的？

师：老师今天要和大家分享一首有关小鸭子的儿歌，小朋友们仔细听听儿歌里的小鸭子和我们后海的小鸭子像不像？

2. 初步体验歌曲

师：小朋友们听到这首歌心里是什么感觉呀？

师：儿歌里有几种颜色的鸭子？小黄鸭、小黑鸭在干什么？小白鸭、小灰鸭在干什么？

3. 尝试跟唱歌曲

(1)理解歌词。

出示图片，帮助幼儿加深对每一句歌词理解和记忆；

有节奏的跟读歌词。

(2)学唱儿歌。

跟着老师逐句演唱；

跟着伴奏有感情地演唱儿歌。

4. 引导幼儿体会小鸭子的高兴心情，并用动作表现出来。

师：小鸭子们一听要去池塘，他们的心情是怎样的？会怎样走路？请大家学一学。

我们现在每个小朋友都是一只小鸭子，我们一起用动作把这首歌表演出来吧。

<u>10:40—10:50　户外自由活动</u>

过渡：喝水、上厕所。

10:50—11:00　集体阅读

弟子规、总结户外活动及半日活动情况、发宣传页、放学。

11:00—11:30　当天值班家长和自己的孩子做值日、志愿者和值班家长回顾总结半日活动情况

11:30—广播

2. 检查和总结，确保保教计划的落实

实施班级保教计划的过程中，要检查保教计划执行的进度和效果，保证保教工作任务的完成。检查是为了促进计划的执行，掌握工作进程，及时发现问题、解决问题。幼儿园及教师可以根据检查的内容，制定相应的检查表格（见附录表 3-7），采取适宜的检查方法，了解计划执行情况。

要保证教育过程顺利运行，提高工作水平，教师还应按期进行工作总结。一般地，每学期进行一次全面的总结；在每个月或季度结束时阶段性总结；每周/日结束进行小结；从而分析存在问题，积累教育经验，反思教育行为，探索教育规律，以便改进日后的教育实践。

总之，学期教育总计划，月计划、周与日计划，它们之间相互衔接的，具有整体性；计划逐层展开细化，要做到重点突出，条理明确，具有可操作性，从而做到长计划短安排，将园所和班级工作有机地组织起来，按照科学管理过程不断推进保教工作的开展。

班级阶段性工作——入园、升班、毕业

幼儿的成长过程中会经历一些重大的生活事件和成长的节点，让儿童体会到成长的变化，这些事件也往往是幼儿园班级管理中阶段性工作，具有丰富的教育意义。有效的阶段性工作有助于幼儿获得积极的情感体验，增强成长的认识；同时可以综合展现教师的能力，增进与家庭、社区的联系。班级阶段性工作，需要整合各种教育资源，与家庭、社区合作，主要有入园、升班和毕业三个重要时间点。

1. 新生入园准备和适应工作

幼儿离开家庭走向幼儿园集体生活，是幼儿社会生活的第一步。

幼儿园的环境、生活节奏、人际关系都与家庭有着较大的差异，在进入这个新的环境时幼儿会有不安全感，甚至会产生分离焦虑。教师在接手小班时要提前做好幼儿入园工作准备，精心布置环境减少幼儿陌生感；同时要开展相应的有关入园适应的教育活动，帮助幼儿熟悉一日生活常规，建立友好的同伴关系，能够较好的适应集体生活。具体可以如下安排。

（1）教师创设家一样的环境，以妈妈一样的情感准备迎接幼儿的入园。

（2）召开新生家长会，介绍班级情况（教师、生活作息与常规、保教计划等），沟通教育理念，引导家长的积极配合。

（3）针对新生幼儿入园适应问题组织专题讲座，缓解家长的分离情绪，引导家长的正确行为。

（4）新生家访，了解幼儿家庭的基本信息、育儿困惑和幼儿的特点、兴趣等，建立与家庭的良好关系，增加与幼儿的情感。教师提前家访，可以将幼儿对家长的依恋转移到老师身上，有助于缓解入园焦虑，尽快适应新环境。

（5）快速熟记每一位幼儿姓名，能够准确的叫出每一名幼儿的名字；与幼儿多一些身体接触，拥抱、拉手、微笑让幼儿感受到被关心，有亲近的感觉。

（6）循序渐进的生活规则养成，先从幼儿的基本生活所需的入手，如洗手、穿衣等开始。

（7）针对儿童的个体差异，在规则和要求上因人而异，有不同层次的要求。

（8）制订保教计划，多以游戏、歌唱、户外散步等轻松、快乐的方式组织幼儿的活动；为幼儿寻找伙伴，建立同伴关系。

（9）与中班或者大班组织集体活动，让幼儿感受到哥哥姐姐的关心，体验到幼儿园的快乐。

2. 升班幼儿的心理准备和教师交接工作

每个学年末，幼儿面临着升班的节点，这意味着幼儿的成长，从小弟弟、小妹妹变成大哥哥、大姐姐。随着升班幼儿也会面临很多变化，如环境变化、角色转换、行为规则等，带来了新的适应任务。升班是很有教育意义的生活事件，通过适宜的引导教育可以增强幼儿的责任意识、规则意识、成长愿望等。具体活动可以有：

（1）组织主题活动，如《我是大哥哥大姐姐了》《我要升班了》等，让幼儿产生升班欲望；

（2）利用每日的谈话时间或者是个别交流时间，与幼儿讨论升班，让幼儿有了升班的准备；

（3）带班级幼儿参观新班级的环境，观看哥哥姐姐活动；与高一年级组织联谊活动；

（4）环境创设中展示儿童的成长，把儿童的作品、照片粘贴出来，感受自己的长大；

（5）组织结业式活动，教师颁布"结业证书"写出"升班祝福"等，激发幼儿向往；

（6）如果升班面临教师替换的问题，需要做好教师之间的交接工作，包括孩子的情况、家庭背景、教育教学活动、个别注意事项等的沟通。

3. 毕业班幼儿入学准备与衔接工作

幼儿园是儿童成长中的一个阶段，随着三年学习生活的结束，孩子将进入小学，这对他们来说是一个新的转折点，意味着以学习为义务的生活的开始。幼儿园与小学在环境布置、作息时间、教育内容、学习方式、师生关系上有着根本性的区别，对于幼儿来说既有新奇、喜悦感又充满挑战和紧张。幼儿园与家长一起做好入学准备工作是幼儿顺利进入小学生活的保障，具体措施包括以下内容。

（1）组织大班家长会，与家长沟通入学准备的具体工作是哪些，避免家长过度关注学习，而是更多地从学习习惯、规则意识、时间管理、独立能力等方面培养孩子，进行入学准备工作。

（2）邀请小学老师或者是已经毕业的学生家长来园座谈，介绍入学准备经验，现身说法缓解家长的焦虑情绪。

（3）发挥年级组共同体的力量，大班教师一起研讨，共同协作收集相关的材料、分享入学准备工作的经验等。

（4）大班后期在班级生活时间、规则要求、任务管理、环境创设等方面逐渐调整改变，进入小学生的准备状态。如活动时间延后、自己收拾书包等学习用具、自己试着制订学习计划、小学课堂布置等。

（5）组织教育活动，如《再见，我的幼儿园》《我要上小学了》《我愿做个好学生》《课间十分钟》等一系列活动，激发幼儿上学的愿望，也让幼儿提前认识小学生活。

（6）组织幼儿参观小学学校、体验小学生活，小学生与大班儿童的座谈等，让幼儿熟悉小学环境，感受小学的生活。

（7）组织大班幼儿的毕业典礼，再一次体验幼儿园的美好和成人的关怀；另外一方面激发幼儿对小学生活的期待，带着老师的寄语、父母的关爱迈入新的学习阶段。混合班级可以组织全班孩子给大龄的即将进入小学的哥哥姐姐举办毕业典礼。

资料链接 3.5

毕业生寄语实例

张亦凡：

恭喜你毕业了，要开始全新的小学生活了！

记得你刚从别的幼儿园转来的时候还是一个闷闷不乐、不愿意说话、不愿意跟别的小朋友玩耍的孩子，现在你变成了四环游戏小组一个阳光开朗、勇敢大方的大哥哥啦！你不仅愿意和别的小朋友说话做游戏，还很爱笑了。你知道吗？你笑起来真的很好看呢，希望你一直保持笑口常开，好吗？在班级里你是所有小朋友的大哥哥，照顾其他小朋友；在家里，你是亦可的哥哥，帮助妈妈带着弟弟玩，把你从学校里学到的本领教给弟弟，老师真为你高兴，你长大了！

亦凡，老师祝愿你在小学健康快乐，阳光开朗，与老师同学相处愉快。以后有时间常回游戏小组，老师们都会想你的！

四环游戏小组的志愿者老师

2013 年 8 月

本章附录

表 3-1 幼儿及家庭基本资料表

幼儿姓名：		性别：男/女	出生年月：		籍贯：		

	家庭成员姓名	年龄	与幼儿的关系	文化程度	职业	工作单位	联系电话
家庭状况							

家庭住址：　　　　　　　　　　　　　电话：

幼儿的主要看护者：

	特殊的饮食习惯		喜欢做的事情	
生活状况	睡觉时间		日常亲近的人	
	喜欢的活动		害怕的事物	
	喜欢看的电视节目		特殊的行为问题	
	喜欢的玩具		其他	

家长对幼儿的希望及对幼儿园的要求：

表 3-2　幼儿园班级名册

_____班　　　教师：_____　　　____年____月

序号	幼儿姓名	出生年月	性别	民族	家长姓名	与幼儿关系	家长工作单位或家庭住址	联系电话	早晚接送时间	备注
1										
2										
3										
4										
5										
6										
7										
8										
9										
10										
...										

表 3-3　家园联系表

幼儿姓名_____　　　　班级_____

幼儿一周表现：	幼儿缺勤情况及原因：
班级近期教育内容重点及需要家庭配合指导内容：	家庭教育的问题、困难及教师的建议、要求：
幼儿园通知事项：	
教师签字_____　日期_____	

家长签字_____　　　日期_____

表 3-4 班级幼儿每月出勤表

班级：_____

姓名	日期(____年____月)												
	1	2	3	4	5	6	7	8			29	30	31
备注	本月应到人数：				实到人数：					出勤率：			

表 3-5 各班幼儿每月出勤统计表

_____幼儿园

班级	幼儿人数	病假		事假人次	出勤百分比	备注
		人次	病假率			

表3-6 一日活动检查记录表

教师_____ 班级_____ 时间_____

一日活动检查记录
晨间情况：
蒙氏活动：
主题活动：
个别孩子情况：
分析意见

表3-7 幼儿园教师日常保教工作评价指标体系

一级指标	二级指标	指标参照标准	
		合格	优秀
I 教育思想	1. 热爱幼儿	①对幼儿态度亲切，爱护幼儿 ②能倾听幼儿的表达，了解其需要 ③坚持正面教育，无体罚和变相体罚现象	①能关注全班的每个幼儿 ②给幼儿表达的机会，满足其合理要求 ③善于发现每个幼儿的闪光点，鼓励幼儿的点滴进步
	2. 目标意识	在日常工作中能够体现幼儿园保育、教育目标	在实施保教目标中注意要求内容与手段等的整体效能
	3. 保教结合	能做好幼儿园所规定的日常保教工作	能根据幼儿的不同特点做好保育、教育工作，做到保教结合

一级指标	二级指标	指标参照标准	
		合格	优秀
Ⅱ保教能力	4. 制订计划	①能根据保教工作的要求独立制订各类计划 ②计划中能体现幼儿园教育目标，有要求、内容和措施	①能根据幼儿园的教育目标和班级幼儿实际，有针对性地制订各类计划 ②计划的目标明确，措施具体，能体现因材施教和班级特点
	5. 观察分析	在日常保教工作中注意观察了解幼儿在体、智、德、美诸方面的总体发展水平	①注意观察幼儿行为，分析其发展水平，并提出相应的教育对策 ②能够在教育实践中积累典型案例，做好教育日志 ③善于发现并抓住教育契机向幼儿进行教育
	6. 组织活动	能按幼儿园生活作息组织各类活动，幼儿在活动中感到愉快	①一日活动安排内容丰富，形式多样，有童趣 ②给幼儿自主活动的机会，教师参与指导，幼儿在活动中积极愉快而又和谐有序
	7. 保健护理	①做好幼儿日常生活护理工作，关心体弱儿童 ②及时发现幼儿身体情绪异常情况并及时处理	①做好日常生活护理，注意对幼儿进行自我保护教育 ②重视幼儿心理健康，及时发现幼儿生理或情绪上的异常，采取相应的措施，有效处理

续表

一级指标	二级指标	指标参照标准	
		合格	优秀
Ⅱ保教能力	8. 创设环境	①能按保育、教育要求创设安全、整洁、美观的教育环境 ②能利用已创设的室内外环境进行教育	①注意为幼儿创设安全、宽松、富于儿童情趣的教育环境，使环境利用率高 ②能有目的地吸引儿童参与环境创设，师生关系和谐 ③能将周围自然和社会环境用于幼儿的教育
	9. 指导游戏	①能提供时间、场地和玩具材料开展游戏 ②给幼儿一定的自由选择活动和伙伴的机会，幼儿玩得愉快 ③注重参与游戏，并予以指导	①提供条件，使幼儿充分开展各类游戏 ②幼儿自主游戏，教师关注并参与活动，师生共同分享游戏的愉悦 ③熟悉各类游戏的指导方法，能按幼儿的不同特点予以指导，促进其在游戏中学习
	10. 家长工作	①能独立开展各种形式的家长工作 ②能比较及时地向家长反映幼儿在园情况，倾听家长意见	①能主动、经常性地与家长联系、沟通 ②有针对性地做家长工作，争取家长配合并依存家长需要，予以帮助指导 ③教师与家长形成教育合作者的关系，有效改进教育质量

续表

一级 指标	二级指标	指标参照标准	
		合格	优秀
Ⅲ 自我提高	11. 学习进修	①能关心幼教信息，阅读有关的专业书刊 ②能参加业务学习和教研 ③完成规定的进修要求	①主动关注幼教改革动态，注意阅读和学习专业理论 ②积极参加教研活动，能起骨干作用 ③不断学习进取，并联系自身实际改造工作
	12. 研究总结	定期记录和总结保教工作的成功经验和不足之处	①注意在日常教育实践中积累个人业务资料 ②主动进行教育效果的反馈、检验。总结、分析问题，结合自身工作实践的反思，开展探索性研究
	13. 师德修养	①按时完成园内规定的工作 ②举止文明，仪表端庄，符合教师身份。注意在幼儿面前控制个人情绪	①工作积极主动，责任感强 ②严于律己，注意以自身良好人格影响儿童 ③能向其他教师学习，团结、协作性好

※　　　　　※　　　　　※　　　　　※

实践运用

1. 如果你想要在附近办所幼儿园，在选择园址的时候需要收集哪些基本信息？

2. 对照本章内容，描述一下你所在幼儿园的环境状况，分析存在的问题？在此基础上呈交一份幼儿园环境改进的计划书。

3. 请持续一周观察幼儿户外活动，记录幼儿户外活动中使用的玩具材料，分析幼儿常玩的户外玩具的特点。

4. 你所在幼儿园在新幼儿入园时会采取哪些措施帮助他们适应园所生活？请评价其效果。

📖 **案例分析**

以教育之名城市化，农村幼教何以自立
向　导

2010年12月，我有幸受邀至北京市某县某乡中心幼儿园参加教研。在这里的所见所闻，让我对当前农村幼教事业发展有了更为直观的认识。在震撼于政府大力发展学前教育的决心、感动于农村乡镇中心园校长的一腔热忱之余，也为农村幼儿教育正被不容置疑地以教育之名城市化而难过。

当汽车沿着蜿蜒的山间公路爬行一个小时之后，迈进园所大门之时，我还是被它的"壮观"吓了一跳。宽敞的大院、刷漆的墙面、三层小洋楼……在光秃秃的山脚下、矮旧散落的民房之中，显得有些格格不入。

幼儿园附设在中心小学下，校长担任了幼儿园负责人，他很热情地接待我们。在会议室，他激情四溢地介绍园所基本情况，表明办好幼儿教育的决心。这所园是借着市教委提出改善山区教师住宿条件的"东风"于2009年5月翻建的，由国家发改委拨资550余万元，2010年3月动工，6月正式开园。园所占地1638.29平方米，户外面积554平方米；主体建筑为三层小楼，其中，一、二层是孩子的活动室和老师办公室、会议室；三层为教师住宿，共十来间房，空调、液晶电视、热水器一应俱全，号称"三星级酒店标准"；此外，在一层，还专门设有供老师使用的健身室、KTV房。这让很多同行的教师咋舌：这样的硬件设施，尤其是为老师提供如此多方位的服务，哪怕在城区幼儿园也实属少见。校长解释：这些设施主要是为了吸引师资、留住师资，"我们学生不多，但硬件好，希望引凤凰来"。

园所共设小、中、大班各一个，可容纳60多名幼儿。目前，园里实际只收托了30个孩子（小班12人、大班18人）。到了冬天，由于农村人的"猫冬"习惯，收托的孩子更少。同时，与乡村地广人稀

相应，送托的孩子普遍家离园远，因此几乎都是全托。

园所在职教师共计 4 名。其中，园长兼任中心小学的英语教师，非师范专业，通过自学取得幼儿教师资格证；另外三名教师则为临时聘用，其中 2 名大专毕业、1 名职高毕业。这里因为是山区，教师工资中有"进山费"一项，月收入并不比县城低多少。在山区，2000元人民币的月薪，已经能够保障非常富足的生活了，更何况园里还免费提供优厚的生活条件。然而，富足的生活条件和体制保障，使得教师之间缺乏良性竞争，自认生计无愁，从此高枕无忧，对本职工作也缺乏进取之心。

硬件的豪华、生额的富余、550 万元仅服务于 30 来个孩子、因家远造成的亲情缺位、因体制保障滋生的惰性……这一切，都让我对这所乡村里的"三星级酒店"产生质疑。与其花 550 万元建一个园，还不如分散开来，多建几个家托，将节省下来的资金用于培养师资，实行激励机制，以激发教师的主动性和积极性。

分析与思考

1. 农村幼儿园的环境创设如何保持"农村本色"？

2. 如何补充农村幼儿教师的不足？

3. 农村幼儿教育的发展如何走出适合自己的路？

（资料来源：张燕主编，《幼儿教师学习共同体建设：绿叶工作室的成长历程》，北京：北京师范大学出版社，2012：第 281～285 页）

拓展阅读

大道至简，最美的教育最简单

——重回四环游戏小组有感

樊燕茹

一年前，我毕业了，不仅结束了我的学业，也从游戏小组"毕业"了。但是，不管到什么时候，这段记忆都是丰盛的，因为有太多太多的成长烙印留在了这里。忘不了大半截胡同甲 15 号的清晨和傍晚，熟悉润德利大市场里的每一个摊位，忘不了那些曾经伴随我成长的家长、孩子和共事的志愿者，更加忘不掉的是张老师的每一次提点、叮嘱，为我的专业成长指引方向。

三年来，我从游戏小组身上学习到了很多的东西。它的简单、朴实、回归自然，一直深深影响着我。而这种理念正是现代幼儿教育要不断学习和反思的。也正因为此，此次我们园园本培训小组选择游戏小组作为参观学习的地方，我有一种"回娘家"的感觉，心里激动又忐忑。

一入眼帘的还是门前那副家长写的对联："机智儿童欢声笑语彰显纯真童心，热血青年朝朝暮暮道出人间真情。"想必从对联上就能看出来这是一个充满热情又有真情的地方吧！一进门，满眼的绿色映入眼帘，游戏小组的黄瓜、丝瓜、葫芦爬满了藤，小兔子还在慵懒地吃东西，一切对于我来说都是那么熟悉。

再看看我的同事，都在打量着这个不大的小院，有的在看植物，有的在好奇地往活动室看，有的东看看西看看，心里肯定在感叹，这是一个多么不一样的幼儿园啊！我简单地介绍了下午的流程，又提了几点参观的要求，就引导大家去活动室参与活动了。此刻孩子们正在蒙氏活动，也就是自选游戏，玩具看似简单、破旧，但是都是老师们精心选择过的，很多是家长们自制的，低结构的，既能够让孩子们珍惜玩具，又能够充分地发挥他们的想象力和创造力。蒙氏总结时妈妈老师巧用瓶盖和孩子们做数学游戏的活动非常吸引人，每个孩子都睁着大大的眼睛看着老师，完全没有被我们几个外来者干扰。

接着户外活动，也是巧用旧轮胎、矿泉水瓶等简单的材料组合的联合器械运动，我一边为大家介绍活动，一边和大家探讨每一个活动背后的教育意义。魏迎迎老师和王依玲老师首先说出了她们的感觉，她们感觉来到了这个小院就像是回到了老家的感觉，非常亲切、惬意。严老师家来自农村，她说她也想起了自己的老家，游戏小组很像以前农村的幼儿园，非常朴实，但是孩子却很快乐。

尤会英老师说，一进游戏小组的门全然没有现在单位里的紧张和压抑，一切让我们很放松，随意，身心自如。大家都在观察游戏小组的孩子，发现他们是那样的快乐。陈颖超老师是我们幼儿园的心理咨询师，她说她一点都不觉得这儿简陋，反而进来就感觉很舒服。魏老师说应该让我们幼儿园的孩子来这里感受一下真实的生活，在我们的幼儿园里，孩子和老师都是极其紧张的，每天都被催促着干这干那。

是啊，我们的孩子严重的城市化，他们没有童年，他们居住在高楼里，吃精细的食物，看不到日出日落，花谢花开，他们只知道享用和获取，无法真正理解简朴和珍惜的感觉，他们没有恐惧和冒险，不知什么叫坚毅和勇敢，他们沉浸在冰雪奇缘和芭比公主的幻想中，他们有上不完的迪斯尼英语、数学思维课甚至创造力课，却没有真正地像游戏小组的孩子那样痛快地玩过、笑过，没有亲眼见过一颗葫芦种子怎样从土里钻出来又爬上墙，他们的想象力和创造力早就在成人的控制中磨灭，是上再多"创造力"的课也无法弥补的了。正是因为我在游戏小组待过，才知道这里的孩子有多快乐，这里的条件看似简单，但是它背后的教育意义却是深刻的。

下午的主题活动也是生活化的，孩子们将玩具和自己的小板凳拿出来清洗。孩子有大有小，老师说大哥哥大姐姐可以带着小弟弟小妹妹一起清洗。于是大孩子自觉地带着小孩子去清洗，许乐——当年的小弟弟，现在已经长成大哥哥了，他拿了两筐玩具，放在了一盆清水旁边。看到我蹲下来，他说，我和小弟弟一起洗，你来分，圆形的放这个筐，方形的放那个筐。这个孩子的进步让我吃惊，他已经从两年前那个不爱说话的孩子，蜕变成今天可以大胆给别人分配任务的大哥哥了。他身边的小弟弟非常小，干活却很认真，整个过程一言不发，和别人配合也相当默契。游戏小组的小院子里宁祥安静，每个孩子都在认真地干活，清洗、晾晒，他们表现地既专注，又自然。

半日活动很快就结束了，忙碌了一天的妈妈老师虽然很辛苦，但还是坐下来和大家进行研讨。两位妈妈老师都是家长"出身"，但是现在已经完全能胜任主班老师的角色了。李老师首先讲解了她今天设计活动的意图，接着丁老师又补充了很多关于游戏小组的理念，比如为什么要自制玩具，户外活动为什么要这样玩，四环平时开展的大型活动等，能看出来两位妈妈老师有了很大的进步，她们不仅完成了从家长到老师的转换，而且对教育、对孩子都有了更加深刻的认识。

最让人感动的是，两位妈妈老师还现身说法，讲述游戏小组改变了自己乃至改变了自己家庭的故事，这让我们一行人深深地被触动了。老师们都认为一个幼儿园不仅要为孩子创设好环境，还要能发挥影响家庭的作用，游戏小组妈妈老师以最生动的案例说明了这一点。我的同事都表示，游戏小组来了之后还想再来，因为在这里，能让人放松身心，真正地思考教育是什么，真正地思考该怎样对待我们的孩子，怎样当一名好老师。

依然是简朴的小院，没有华丽的装饰，没有炫目的玩具，但是这种简单却让人感觉由内而外的轻松，让人不自觉地想靠近。我想，教育应该就是简单的，令人舒适的，回归人的本真和天性的，大道至简，最美的教育最简单！

（引自四环游戏小组博客）

教师与孩子共同生活的每一个日子都是教育。教师要用心感受生活，你对生活有多少理解，你对幼儿教育就有多少理解，对生活漠不关心的人无从谈论教育。幼儿教育的生命力来自于生活，从生活中来，在生活中展开，到生活中去，在教师与幼儿共同生活中创造了教育。

第四章　幼儿园保教管理

　　幼儿园是儿童的乐园，在这里幼儿的天性得到释放，在这里幼儿学会生活，学会交往，获得成长。幼儿园的保教活动要以幼儿身心发展规律为基础，教师组织丰富多彩的一日生活，开展各种各样的游戏，随时抓住生活中的教育契机引导幼儿，做到保中有教，教中有保，保教结合，让幼儿在轻松、快乐的生活中富有个性的成长。

一、幼儿发展的基本特点

　　幼儿处于生长发育的过程中，身心各方面都在迅速发展，是幼小而不成熟的生命个体，需要细致、周密的生活照顾。园所一切工作要以教育对象的特点为出发点，尊重和理解幼儿身心发展的规律，合理安排幼儿的一日生活，注重在生活中渗透教育，保教结合，在活动中促进幼儿发展。

幼儿的生理发展特点

幼儿时期是生长发育最为迅速的时期，幼儿的大脑、身体各系统和器官还不完善，处于不断的发展中，必须保证幼儿有适量的户外活动（每天至少 2 小时），在户外活动中充分接触阳光、空气，锻炼身体，发展大小肌肉和各种基本动作，促进中枢神经系统发育。幼儿对外界环境的适应能力、自我保护的意识和能力还比较弱，需要成人的细致照顾和保护。

根据上述特点，教师应合理安排幼儿一日生活，注意动静结合，避免让幼儿长时间在室内坐着学习；重视户外活动和各种游戏的开展，增强走、跑、跳、钻、爬、滚等基本动作的练习；提醒幼儿保持正确的坐姿、站姿和行走跑跳的姿势。教师需要保证环境的清洁和卫生，在生活中培养幼儿的行为习惯；关注幼儿活动的情况，提醒幼儿增减衣服，增强适应环境的能力。

幼儿的心理发展特点

1. 好奇

幼儿对周围的事物充满了好奇心，探究欲望强，总爱问为什么，还喜欢动手操作，通过自己的发现来认识和理解事物。教师应该相信幼儿，在保障安全前提下给他们一些自由探索的机会和空间，并提供多种操作材料，鼓励他们主动发现。

2. 好动

幼儿的注意力集中时间短，坐不住，自我控制能力较差，这是他们的身心发展特点决定的。长时间进行同一种活动（如坐在室内教知识等），对幼儿的身体发育不利。因此，教师应该理解幼儿的行为，尊重幼儿发展的规律，以多样化、趣味性的活动增强幼儿对活动的兴趣；创造条件开展各种游戏，让幼儿在游戏中锻炼体格，遵守游戏规则，提高自我控制能力。

3. 好模仿

幼儿的经验与知识有限，主要通过模仿来学习各种行为。由于幼儿的各个方面都还没有定型，辨别能力弱，可塑性比较强，因此，教师要充分考虑到幼儿这一特点，通过树立正面榜样和形象来培养幼儿良好的行为习惯。例如教师自身的行为示范，注重言传身教；在集体中树立模仿的榜样，促进同伴之间的相互学习；鼓励幼儿遵守规则，对幼儿不适宜行为加以引导，表扬幼儿的亲社会行为等。

4. 情绪情感强烈

幼儿情绪情感强烈，情绪外露而不稳定，易受外界情境和周围人的影响。因此，教师在与幼儿互相交流中应多一些情感投入，如对幼儿给予合理的期望、积极的鼓励和肯定、更多的宽容等；注意营造和谐的人际氛围，让幼儿感觉幼儿园就是自己的家，同伴就是自己的兄弟姐妹，老师就是自己的妈妈，从而建立良好的情感联系，愿意参与幼儿园活动与生活。

5. 自我意识和独立性萌芽

随着年龄的增长，幼儿的自我意识开始发展，追求独立，希望自己的事情自己做，然而由于身心发展还不成熟，无法完全独立和自理，需要成人的保护和照顾。教师要尊重和保护幼儿的自我意识，充分信任幼儿，为幼儿提供自由发展的空间和机会，在生活实践中逐步提高他们的自主行为的能力。在给予幼儿自由的同时，注重创设安全的环境，增强秩序感和规则意识。

幼儿的发展呈现出一般的年龄特点，但是每一个特定群体又具有其独特的特点，例如农村幼儿比较"皮实"、运动能力强、质朴天真、有点"野"、规则缺乏等特点。教师在面对特定的教育对象时既要认识到孩子的一般共性，又要了解其独特性，注意共性与特性的统一，不仅重视理论学习与检验，更重要的是要在一日生活中观察幼儿，在教育实践中读懂每一个具体的幼儿。

资料链接 4.1

四环游戏小组妈妈老师日记（节选）

1. 喜欢帮助别人的大姐姐郑可烁

早晨我坐在桌子旁边给孩子讲故事，郑可烁来了，坐在我身边听故事。一会儿曹紫汐也来了，跟我打完招呼就去拿板凳了。这时我就看着郑可烁眼睛盯着曹紫汐去拿板凳，看她拔不出来（因为塑料板凳都摞在一起），自己立刻就起来走过去说："姐姐帮你拔吧。"一会儿张吉凯来了，也是板凳拔不开，郑可烁又起来走过去说，张吉凯我帮你吧，张吉凯拿着板凳去看书了。一会儿杨天慧也来了，她也是拔了半天，郑可烁再一次走过去，说咱们两个一起拔，杨天慧拿了板凳，两个孩子对着笑了笑，坐过来听故事了。一个孩子能有一颗愿意帮助别人的心多可贵呀！

2. 想看王九赫跳舞，真是难

进行《我爱洗澡》音乐活动时，王九赫一直在旁边看呢，特别认真。我问："王九赫，你告诉大家你觉得谁跳得最美？"王九赫走过来，只是笑嘻嘻的，不说话，一副害羞的样子。"咦，还没洗澡呢，谈到洗澡就害羞啦？"我说大家想不想看看王九赫是怎么洗澡的，想看的就鼓掌，台下一片掌声，王九赫还是害羞地嘻嘻笑，小朋友再一次鼓掌，他还是害羞地笑。我说"是不是王九赫不会洗澡啊"，小朋友都笑开了，王九赫还是那样地看着我，只是笑！这家伙脑袋里想什么呢？我说："是不是王九赫想找个朋友一起跳啊？"于是，我请陈以琳上来领舞，他也不跳，急得许乐和马万成在下面直跺脚。好吧，只能放弃了，想看王九赫跳舞——真是难！

我带着孩子们又一次欣赏了音乐，边听边跳，孩子们还创造了很多不同的音乐动作，比如洗洗头发啊、洗洗屁股，脚丫也搓搓。这时候我看到王九赫坐在凳子上开始"洗澡"了。放学的时候我跟王九赫妈妈说起这事，妈妈问王九赫："怎么不跳舞，是不是不会跳啊？"王九赫悄悄地说："妈妈，回家了我给你跳。"妈妈说："好啊，今天洗澡把音乐打开，你好好跳。"王九赫笑嘻嘻地说："好！"

　　保教工作是园所管理的中心工作，围绕幼儿在园的全部活动展开，包括一日生活环节、户外运动和游戏、主题教育活动、自由活动、区角活动等。幼儿园的保育和教育，就像经线和纬线紧密地交织在一起，贯彻在幼儿的一日生活的各个环节之中，保中有教，教中有保，相互渗透，共同促进幼儿的发展。为了叙述的清晰和方便，以下将幼儿在园活动分成保育工作和教育工作来论述。

二、幼儿园的保育工作

　　幼儿阶段是行为习惯培养的关键期，幼儿园保教工作的一个重点就是要建立生活常规，注重养成教育；与此同时还要培养幼儿生活自理的能力，让幼儿能够自己的事情自己做，以及服务集体的意识。为了幼儿身心正常发育和健康成长，幼儿园要保证每天户外活动时间不少于 2 小时，组织多种形式的体育活动，激发幼儿对运动的兴趣，锻炼幼儿的身体。此外，幼儿园保育工作还包括指导不适宜行为、建立安全措施等，所有这些保育工作中都要渗透教育，有意识地在保育活动中融入教育，做到保教结合。

建立生活常规，培养行为习惯

　　幼儿生活常规和行为习惯的培养是一个长期的过程，会出现反复，需要教师耐心的指导和宽容对待；应不断提醒、坚持要求，注意要求的一致性、一贯性；要加强与家庭的联系，双方配合一致，培养幼儿的生活常规和行为习惯。

　　建立幼儿的生活常规，一方面能够使幼儿得到细致的生活照顾，保证幼儿的健康生长和活动安全；另一方面帮助幼儿建立秩序感和规则意识，养成良好的行为习惯，引导幼儿在生活中学习，使幼儿实现社会化（见表 4-1）。

　　规则应简单明确、清晰具体，便于幼儿理解记忆和教师指导。教师可以与幼儿协商，一起参与制订，要让幼儿知道该做什么、怎么做，帮助幼儿意识到这是自己的事情，建立行为界限。同时，在常规实施中注意正面引导和发挥榜样示范作用，利用多种形式（如大带小，小组长制、小导生制等），促进常规的建立和幼儿良好行为习惯的养成。

资料链接 4.2

四环游戏小组幼儿活动规范

1. 每天准时到游戏小组，主动向老师及别的小朋友问好。

2. 每天带手绢、白开水，衣着整齐（不穿拖鞋）来参加活动。不带食物来活动室吃。

3. 勤洗手、洗脸，勤剪指甲，保持个人清洁卫生。不吃手指，不把东西往嘴里塞。口袋里不装异物。

4. 保持场地清洁，不乱扔垃圾、不吐痰、不随地大小便。学习自理大小便。

5. 来游戏小组要说普通话。

6. 能根据自己的兴趣选择区域游戏，学会正确的翻书、看书。活动结束后能把图书玩具送回原位。

7. 爱护玩具和图书，爱护游戏小组物品，不随意破坏。不骂人，不打架，不争抢玩具，服从教师管教；发生争执时学习自己协商解决问题，或者找成人帮助处理。

8. 学习文明行为，不在活动室大声喧哗、追跑，维持活动室秩序。户外活动不猛跑、猛拐，养成小心谨慎、注意安全的好习惯。

9. 活动过程中不随意离开，有事情要和老师打招呼。

10. 不逗弄蛇、蜈蚣、蝎子、黄蜂、毛毛虫、狗等动物。

11. 放学后及时回家或回到摊位向父母报平安，回家要告诉父母自己今天学了些什么。

幼儿教育的重要内容是养成好的习惯。从小养成好的习惯，有助于形成有规律的生活，以及独立、坚强的品质，使幼儿做事有条理、待人有礼貌等。行为习惯的养成要与日常生活相结合，利用生活中的点点滴滴开展养成教育，注重与一日生活其他环节的相互渗透；同时还必须注重与家庭的合作，家园配合一致，形成教育合力，才能产生实际效果。

幼儿的行为习惯可以分为生活习惯、交往习惯、学习习惯。

生活习惯：

自行穿脱衣服，早睡早起，洗脸、洗手刷牙、如厕，会根据需要增减衣服；上学带手帕，自己的手帕自己洗，穿着整洁大方；按时吃饭，少吃零食，不挑食、不偏食；不趴着睡、不蒙头睡，独立入眠；定时排便、不憋尿；保管好自己的物品，东西摆放整齐，自己的事情自己做；在家做力所能及的家务活；知道使用扫帚、抹布等工具，承担值日生的工作；不乱扔垃圾、不随地吐痰、爱护花草及其他公共设施等。

交往习惯：

乐于与同伴交流和分享，愿意表达自己的需要与想法；使用礼貌用语与人交往，耐心倾听，他人说话时不插嘴；能够与同伴良好互动交往，不争抢，知道轮流与等待的规则，与同伴冲突后知道如何处理；遇到长辈会问好，尊敬、关心父母长辈。

学习习惯：

坐姿和握笔姿势正确，学习使用剪刀和笔等文具，会自己整理学习用品；学习时能专心和坚持；遇到问题主动想办法；能够向老师表达自己的想法，尊重他人的意见；喜欢阅读，会一页一页地翻书，逐步养成良好的阅读习惯。

家园合作，培养幼儿的生活能力

幼儿年龄小，生活自理能力比较弱，需要成人的帮助，但是成人帮助不等于包办代代替，而是要激发活动主体的积极性，让他们逐步获得发展的能力。幼儿有着发展的需要，他们希望自己的事情能够自己做。幼儿教育的一个目的就是让幼儿学会生活，首先需要锻炼的就是自理生活能力。生活能力是幼儿在一日生活实际去做的过程中习得的，不管是在幼儿园还是在家庭中，都需要坚持一致一贯的要求，才能取得成效。日常生活中，我们会看到一些家长认为孩子小，不具备基本的生活能力，溺爱子女，事事代替包办，家园双方不一致的做法使得教育效果事倍功半。幼儿生活能力和行为习惯的培养需要家园双方的配合协作。

幼儿园对幼儿基本的生活能力的培养主要有如下一些基本内容，同时要注意提供相应的条件。幼儿生活能力和行为习惯的培养必须取得家庭的配合，双方要求一致，共同执行。

着装：

自己会穿衣服、系扣、系鞋带，衣着整洁，能够根据温度变化及时增减衣服。

洗手：

用正确的方法洗手，穿长袖衣服时知道卷袖子；饭前便后、手脏时能主动洗手；用流动水洗手。节约用水，洗手后关紧水龙头。没有条件的幼儿园可将塑料瓶的瓶盖上打孔，洒水洗手。

饮水：

幼儿园要保证幼儿的饮水量，除了在规定的时间集体饮水以外，幼儿根据自己的需要饮水，随渴随喝；用自己的水杯喝水，正确取水，不在走路、说话时喝水；喝水后把杯子放回固定位置，杯口朝上，摆放整齐。幼儿园要保证幼儿的饮水量，有条件的可由幼儿园统一提供水杯和饮用水，并定期清洁消毒。没有条件可由幼儿自行带水，教师引导幼儿每日回家清洗水具。

如厕：

不随地大小便，文明如厕。幼儿根据自己的需要如厕，学习大小便自理：便后会正确使用手纸擦拭，并将衣服整理好（秋冬季节能够将秋衣塞到裤子里），便后用流动水洗手。

使用手绢：

养成带手绢的习惯，会用手绢擦嘴、擦鼻涕，擦汗；能够将手绢叠放整齐放在衣服兜里；经常清洗手绢（幼儿园可定期开展清洗手绢的活动，重点是引导家长培养幼儿清洗手绢的习惯），可以在成人帮助下或是独立清洗手绢。

整理物品：

入园后，能够将自己的物品整理好、叠放整齐，放在指定位置；

能够在教师的引导下用抹布正确地擦拭桌子、凳子，轻轻收放凳子；爱护玩具和各种材料，轻拿轻放；使用后将玩具和材料整理好，轻轻地放回指定位置。

其他：

能够将垃圾扔到垃圾桶等指定的地方，不随地吐痰、丢弃纸屑杂物等，学习维护周围环境的整洁。

穿脱衣裤和鞋子：

知道衣服的正反、前后；知道穿脱衣物的方法和顺序，先穿上衣，再穿裤子，最后穿鞋子；会扣纽扣和拉拉链，系鞋带；脱下衣服、鞋子后将衣物鞋子摆放整齐。

盥洗：

早晚洗脸刷牙，掌握正确的刷牙方法，上牙往下刷，下牙往上刷，磨牙的地方横着刷。无牙膏、牙刷时，可用盐水漱口。

进餐：

学习正确使用筷子，独立进餐；进餐时细嚼慢咽，不浪费粮食，不挑食，餐后送回餐具。

睡觉：

睡觉前上厕所，睡觉时保持安静；睡姿正确，侧卧式或仰卧，不俯卧或蒙头睡；独立入睡，不影响别人；不带玩具上床，不吮手指；不赖床，安静起床，迅速穿好衣服和鞋袜。

在半日制幼儿园，教师应有意识地引导家长在家里培养孩子的生活能力。

幼儿不适宜行为的指导

每一个儿童都是独特的，都有自己的特点，不能用一个标准去评价他，要尊重每一个儿童的发展特点，接纳他们的个别差异，创造机会发挥他的优势，对于他的一些不适宜的行为要加以关注并进行相应的引导。

不适宜行为是指幼儿表现出的与常规要求相违背的、不被认可的、可能会影响他人的行为。幼儿的成长就是逐步社会化的过程。

他们在模仿中学习，辨别能力较弱，不适宜行为是成长中的正常现象，不等于问题行为。教育不能像工厂那样培养规格一致的"产品"，而是要让每一个幼儿富有个性地成长，即使幼儿出现了一些不适宜的行为，也要在尊重与等待的原则下加以引导。

对待幼儿的不适宜行为，成人首先需要有耐心与宽容。每一个幼儿都是独特的个体，有的孩子就是开口说话晚，有的孩子就是社会性（如合群性）发展慢，有的则爱动控制不住自己的行为，有的个性比较强，这些都不是他的错，是个体的发展规律，发展只是时间早晚的事。首先，成人要注意观察和了解每一个孩子的独特性，尊重差异，进而找到适宜的策略方法，如有的需要提出任务，有的表明态度，一把钥匙开一把锁。其次，成人需要信任幼儿。幼儿出现不适宜行为有其原因，可以听听幼儿的解释；给幼儿创造改变的机会，帮助幼儿增长能力去解决冲突，用发展的眼光感受幼儿的成长。再次，成人不要期待幼儿成为完美儿童。没有一个人是完美无缺的，正是这些不完美才形成自己的独特性，才有了发展的空间，教师要接纳你面前的孩子的现状，因为他就是他。最后，成人需要反思自己的行为，很多孩子的不适宜行为是家庭教养方式不当或是自己反应过度造成的，学会自我调节，想要孩子做到怎样首先得成人做到。

幼儿的不适宜行为主要体现在好动和情绪问题上，这些行为发生的频率往往随着年龄的增长而减少。这与幼儿年龄越小，越活泼好动、情绪波动越大的年龄特点是相符合的。对于幼儿不适宜行为，教师不要和孩子较劲，因为孩子的理解力不足、改变也不是一蹴而就的，要容忍、宽容、耐心等待，有时候忽视也是一种有效的方式。

教师要正确看待幼儿的不适宜行为，了解原因、分析对策、提出解决方法，并宽容对待幼儿的不适宜行为，给予幼儿呵护和帮助，进行适宜的指导。

幼儿不适宜行为的指导要点如下。

（1）明确规范，形成秩序。教师要明确提出对幼儿的行为要求，让幼儿知道什么行为是可以接受的，什么行为是不被接受的，并说明理由；班级常规的建立，有利于幼儿良好行为的养成和建立秩序感。

(2)家园合作，一致要求。对幼儿的不适宜行为，保教人员的要求和处理方式要一致和一贯，更要与家长及时联系，加强沟通，协助配合，帮助幼儿建立适宜行为。

(3)探寻原因，反思实践。幼儿不适宜行为出现时，教师首先要了解行为出现的原因，了解幼儿的需要；同时，教师还应反思不适宜行为的出现是否与环境布置、生活活动和课程安排等有关，注意调整和改善自身的教育方法。

(4)相信幼儿，观察引导。在确保安全的前提下，尽可能引导幼儿自己解决冲突；教师则注意观察和在恰当的时候干预，采取相应措施。

(5)正面教育，树立榜样。在指导幼儿不适宜行为时，教师应尊重幼儿，允许幼儿犯错误，忌当众批评损伤幼儿的自尊。教师可以通过肯定和鼓励行为表现好的幼儿，引导其他幼儿学习，提供模仿的榜样和暗示。要依据具体事件跟幼儿讨论行为本身的对错，忌与幼儿讲大道理。

(6)因人而异，灵活处理。教师处理幼儿不适宜行为问题的方式要灵活，忌整齐划一和过于机械。此外，对于有特殊需求的儿童应特别关注，即那些受过伤、有残疾或疾病，或有其他妨碍正常成长原因的儿童，也包括那些有特殊才能的儿童。教师需要对之给予额外支持和帮助，采取有针对性的措施，扬长补短，建立幼儿的自信，发挥其潜能。

加强幼儿体格锻炼

健康的身体是幼儿发展的前提和基础。幼儿阶段正处于身体迅速发育成长的阶段，身体各方面发展还不完善，从小进行体格锻炼，能够有效地增强幼儿的体质，增进其对环境的适应性和预防疾病，有益于幼儿健康成长，并促进身心素质的全面发展。

1. 体格锻炼的内容

(1)锻炼幼儿走、跑、跳、投掷、攀爬等基本动作和掌握这些基本动作的初步技能，使幼儿的动作灵敏、协调，促进幼儿心肺能力和神经系统的发育，增强幼儿的体质，提高身体素质。

(2)开展各种类型的体育游戏，利用当地资源开展民间游戏和特色体育活动，在游戏中提高增强幼儿的身体素质，培养幼儿运动的兴趣。

(3)在体育活动中培养幼儿运动的兴趣及锻炼身体的良好习惯，以及努力向上、勇敢、坚强、遵守纪律、乐于合作的品质。

2. 体格锻炼的指导要点

(1)体格锻炼应考虑儿童的身心发展特点，以游戏为主要形式，让幼儿学习基本的活动技能和简单的动作，不教授专业化运动和技术动作。

(2)体格锻炼应考虑到幼儿的运动负荷特点：强度较小、密度较大、时间较短、急缓结合、动静交替。

(3)体格锻炼应以保证幼儿的安全为前提，在活动的过程中逐步提高儿童的安全意识和自我保护能力。

(4)体格锻炼应与良好的行为习惯的培养相结合，在活动中培养幼儿合作、勇敢、遵守纪律等品质。

幼儿健康生长发育离不开合理膳食。幼儿园应根据当地生活习俗和家长需求及园所条件，决定是否为幼儿提供膳食。膳食的配置应适合幼儿的年龄特点，符合营养需要、适合幼儿的消化能力，能促进食欲；确保清洁卫生、预防食物中毒，以保证幼儿的健康成长。幼儿园在选择食物时，要多选取当地应季的新鲜食材，以蔬菜、鸡蛋和各种肉制品为主，避免油炸食品。此外，要合理安排膳食时间，在膳食中培养幼儿良好的饮食习惯，如不挑食、不偏食等。社区中心幼儿园、农村幼儿园由于幼儿居住在附近可以不提供餐饮服务，既减轻家长的负担，也是缓减幼儿园工作量，更重要的是增加了家长与孩子共处的时间。不提供餐点服务的幼儿园，教师应关注孩子家庭的膳食营养，与社区或乡村医生配合，对家长给予一定的提示。

幼儿园安全工作

做好安全工作才能确保幼儿生命安全。幼儿好动、好奇、好探索，然而却缺乏独立行动的能力，在生活与活动中不能预见行为的后果，面临危险时不能很好地保护自己。因此，幼儿园要高度重视幼儿的生命安全，教师要增强责任意识，要在一日活动组织中多上心，关注细节，确保孩子安全。任何偶然的疏忽，都可能导致幼儿受到伤害。幼儿园的各项活动要以幼儿为中心，注意各种活动中的安全保护问题，防止意外事故的发生，同时要注意在活动中加强对幼儿的安全教育，增强幼儿的自我保护意识和能力。

具体内容和操作要点如下。

1. 制定安全制度，加强管理

（1）制定和完善各项规章制度，如卫生保健工作制度、安全保卫工作制度、大型设施设备的安全维护制度、玩具材料安全制度、活动安全制度、交接班制度等，并且严格执行。

（2）积极宣传，使制度广为人知，增强管理者、教师及家长的安全意识，对安全制度的执行情况定期检查和经常性督促指导，防微杜渐，把安全隐患消除在萌芽中。

（3）做好晨检工作，注意观察，及时发现幼儿的异常情况；要做好传染病预防工作，若发现幼儿患病应要求家长接回家照顾，避免疾病在集体中蔓延。

（4）以班为单位配备药箱，备有常用药，以便及时应对幼儿需要。如双氧水、医用酒精、药棉或医用棉签、创可贴、好得快喷剂、正红花油、风油精、医用纱布、体温计等；夏天则添上藿香正气水、仁丹、十滴水等防暑常备药。外出活动带小药箱，以备不时之需。

（5）幼儿园增强危机管理意识，加强安全防范措施，与村或社区卫生所、保健室建立联系制度，加强沟通。有条件的幼儿园可定期组织防范演习，如防火、防地震演习等，让教师和幼儿有心理准备和掌握应急措施。

2. 注重环境安全，降低事故隐患

(1)关注室内外场地安全：户外场地随时清理；房舍及电线、大型玩教具定期检查和维修等，及时发现问题，消除环境中的安全隐患。

(2)严格执行安全制度，规范幼儿园的安全管理，强化教师的安全意识。要与附近的消防队、医院或者卫生所、派出所保持联系，实现资源共享，如卫生所可定期向幼儿园公布免疫接种的时间，采用社会化方式控制传染病。

(3)从细节上采取防范措施、消除安全隐患，合理安排电源位置，将消毒物品、药物等放在幼儿接触不到的地方。

(4)引导家长意识到生活环境中的安全隐患，增强安全卫生意识。

(5)争取所在社区的支持，合力营造安全的大环境。

3. 建立常规，提高活动组织的有效性

(1)教师要增强责任感，提高安全意识，注意活动组织中的幼儿安全，有效利用活动时间、空间，减少等待和排队环节，保持通道通畅和材料安全。

(2)活动组织有序，明确活动规则和要求，稳定幼儿的情绪，让幼儿知道可以做什么、不可以做什么。户外活动时随时清点人数，确保每名幼儿在教师的视线范围内。

(3)在活动中培养幼儿的行为能力，以活动促发展，促进运动和协调行为能力的提高。在生活活动、游戏活动中引导幼儿掌握安全常规，培养幼儿的安全意识和自我保护能力。

(4)建立幼儿生活常规，让幼儿明确行为界限，培养幼儿良好的习惯，保证教育活动的开展。

资料链接 4.3

四环游戏小组春游后海活动安全注意事项

活动安全

1. 要求家长和幼儿穿合适的鞋子，带上水杯；还可带上自制的风筝、风车等；提前强调要注意的安全事项。

2. 排队集合时，向幼儿及家长强调出行安全：大手拉小手；过马路时红灯停、绿灯行，一起排队过马路。

3. 每位教师安排重点观察对象，视线不离开幼儿，随时点名；保持队伍的紧凑性，及时整理队伍，队伍前后有专人负责。

4. 教师分工合作，责任到人，专人负责医药箱。

5. 活动中和幼儿一起说相关安全儿歌，强化幼儿和家长的安全意识；活动后及时总结，对遵守纪律的幼儿给予表扬。

说明：四环游戏小组毗邻西海和后海，空间广阔，有树有水，环境清幽自然，是孩子们喜爱的"游乐场"，也是社区中非常便利的活动场所和教育资源。平时，家长和孩子往返家和市场常常要经过这里。组织亲子一起逛后海春游，可以让孩子寻找春天，感受自然的美，同时动员家长参与，引导家长发现身边的教育资源。幼儿园不宜关门办园，把孩子封闭在狭小的活动室灌输知识，教育脱离社会生活，这样是不可能培养出健康的体魄和健全的人格。其实，教育资源无处不在，每个幼儿园都可以发现可以利用的社区资源，根据当地的自然环境和周边资源加以考虑，增加外出活动的机会，为幼儿提供认识周边自然环境、充分释放天性的机会，让资源为我所用。

4. 注重安全意识的培养，增强幼儿自我保护能力

(1)幼儿园可在日常生活和常规培养中渗透安全教育，培养幼儿的生活自理能力和安全意识，如不远离集体单独行动、不碰触电源插座、不吃非食物的东西或随便放在嘴里，过马路看红绿灯，坐车不把头、臂伸出窗外，独自在家时不给陌生人开门等。

(2)教师提高组织活动的能力，在活动中培养幼儿的行为能力和规则意识，如在户外活动时练习躲闪能力，增强幼儿的动作协调能力、反应灵敏度、遵守游戏规则的意识等，以及在外出活动中培养幼儿的自我保护能力，增强安全意识。

(3)开展安全教育的主题活动，培养幼儿的安全意识和自我保护

技能，如不跟陌生人走，不玩火，正确使用剪刀，遵守活动规则等。

（4）开展外出活动时，教师应事先告诉幼儿活动的内容，明确活动要求；活动中，教师的视线不离开幼儿，随时点名，注意幼儿活动安全；活动结束后，及时帮助幼儿回顾，总结和提升幼儿的经验。

幼儿阶段的主要活动是生活和游戏，教育更多的是无形而非有形的，一日生活都是教育。教师要珍视生活和游戏的价值，善于发现生活中契机，让教育悄无声息地走进幼儿的生活，让幼儿在快乐、轻松的氛围中潜移默化的接受教育影响。让幼儿在生活与游戏中锻炼身体、学会相处、习得规则、获得认知和提高能力。

三、幼儿园教育活动

幼儿由于年龄小，经验缺乏而且往往比较零散，需要成人给予幼儿成长的支持，包括创设教育环境，提供活动材料，组织教育活动。幼儿园的教育活动是教师以多种形式有目的、有计划地引导幼儿生动、活泼、主动活动的教育过程，让幼儿获得有益于身心发展的经验。

幼儿园教育活动的原则

1. 幼儿园教育活动生活化，渗透到一日生活中。教师要树立一日生活皆教育的理念，利用一日生活各个环节的契机实施教育，完成教育目标。

2. 幼儿园的教育活动游戏化，以游戏为主要活动形式，积极开展各种游戏，让幼儿在玩的过程中，轻松、快乐地学习。

3. 幼儿园的教育活动操作化，教师给幼儿提供各种活动材料，让幼儿在动手操作中认识各种事物，获得初步经验。

4. 环境是重要的教育资源，要注重发挥环境的教育功能，把教育意图客体化，让幼儿在与环境的互动中学习。

5. 幼儿园教育面向班级全体幼儿，满足幼儿认知、情感和动作技能发展的需求，促进幼儿全面发展；同时要考虑到个别需求，做到因材施教，让每一个孩子都获得发展。

6. 幼儿园教育活动以幼儿身心发展特点为依据，从生活中、自然中、当地民俗中选择教育内容，考虑内容的全面性和均衡性。

7. 幼儿园教育活动应该注意动静结合，让幼儿在兴奋与休息间转换，符合幼儿的生理需要。

幼儿园教育活动的内容

幼儿园教育内容是丰富多彩的，可以是教师预设的，也可以是来源于幼儿生活中的、幼儿感兴趣的；可以是民间传统文化，也可以是自然、历史方面的内容；还可以因地区、因幼儿园而异，选择和组织具有特色的教育内容。幼儿园教育活动涉及健康、社会、语言、科学和艺术，其目的指向幼儿体格锻炼、行为习惯养成、兴趣培养和人格健全发展。幼儿园教育通常是综合地组织活动，融合了不同领域，以适应幼儿的经验和身心整体性发展。

幼儿园教育活动内容的选择的依据如下。

（1）孩子是教育主题生成的源泉，幼儿有独特的思考方式，有十万个为什么，这些都是活动的来源。教师在日常生活中需要多留心观察幼儿的活动，倾听幼儿的对话，与幼儿做朋友，从与幼儿的谈话和活动中挖掘幼儿感兴趣的、有价值的教育内容。

例如，《影子》活动就来源于幼儿户外踩影子游戏。幼儿在户外活动游戏时，一个幼儿突然发现一个不管他怎么动，跳也好、跑也好，无论动作怎样变换，影子总是在他的脚下，不离开他。这个动作引起了其他同伴的兴趣，大家凑在一块开始探讨怎么样让影子消失？于是教师根据幼儿的兴趣，开展了一场关于影子的探索活动，鼓励幼儿去发现，并用皮影戏的艺术形式展示他们研究的成果。

（2）一日生活皆教育，生活是教育的源泉。幼儿经历过的、接触过的事情是印象最深刻的，选择贴近幼儿生活的内容，符合幼儿具体形象思维的特点，易于幼儿理解；同时幼儿生活的经验是零散的，需要借助教育活动整合经验，所以教育内容的选择也应具有一定的挑战性，在幼儿的最近发展区内，让幼儿跳一跳够得着。

例如，四环游戏小组的院子里种着各种蔬菜，如辣椒、丝瓜、黄瓜等，成为教育最好的内容。幼儿从种子种下就开始观察蔬菜，浇水除草工作，并用绘画的形式记录蔬菜的生长过程，幼儿观察记录、参与劳作的过程就是学习的过程。

（3）乡土文化中的教育内容，凸显幼儿园教育特色。每个民族都有自己的文化，每个地方都有自己独有的乡土习俗，这些内容在城市化的进程中逐渐丢失。热爱家乡的口头教育不适合幼儿，幼儿是需要可观可感可视可触的材料作为支撑，才能萌发对家乡和民族文化的情感。教师要善于从传统文化、民族风俗、地方特色中选择适宜的素材纳入课程资源中来。如下文的活动实例《我的棉鞋——毛窝》。

（4）从四季、节令等中选择教育内容，这也是绝大多数幼儿园活动内容组织的主线。四季的景色变化、气候变更是幼儿真实感受得到的，伴随着四季的变更幼儿观察到很多自然现象，例如雨后的彩虹、动物的冬眠、节气、第一声春雷和昆虫的苏醒，幼儿对此很有兴趣，充满探索求知的欲望。大自然是活的教育素材，有无穷无尽的教育资源宝库。例如诗歌《春天》《荷花》《秋天的果实》《动物冬眠》等围绕季节开展的活动，又如《清明》《惊蛰》《冬至》等有关节令的教育内容。

教师要增强自身的生活感受性，增强对生活和园边大自然的理解和挖掘，在与孩子们的共同生活中创造丰富多彩的教育。

幼儿园教育活动的组织形式

幼儿园教育活动的组织形式主要有集体活动、分组活动和自由活动。这三种活动形式各有其独特的作用。教师应根据教育活动的需要、幼儿的年龄特点合理地选择和安排组织形式，同时也可综合采用不同的组织形式，如在集体活动中进行分组教学等。

1. 集体活动

集体活动是幼儿园教育活动常见的组织形式。在集体活动中，教师与全体幼儿一起学习，一对多地与幼儿沟通交流，有利于保持教育进度的一致，并且有利于培养幼儿的集体和团队意识，增强幼儿的责任感和秩序感，促进幼儿的社会化。

组织集体活动的注意事项如下。

(1)组织活动之前要了解幼儿的发展特点、兴趣和已有经验，考虑幼儿接受情况。

(2)活动组织过程中要以幼儿为主体，给予幼儿操作、思考的空间和时间，避免"一言堂"和"满堂灌"。

(3)在活动中应关注个体差异，提供不同层次的材料和指导，因人施教；观察幼儿的参与程度和表现，注意幼儿良好常规和学习习惯的培养。

(4)增强活动的灵活性，在具体活动过程中根据幼儿的反应及时调整活动方案。

(5)注意挖掘家长的力量，有些活动可以从家长中收集资料或者邀请家长参与。

资料链接 4.4

> 活动内容的选择可结合当地的特色、风俗、自然环境等。

集体教育活动实例：我的棉鞋——毛窝

> 缘起部分一般交代的是活动的起因，有的来源于孩子的特点，或是取材于家长身上的资源，也有的是生成性的活动。

活动缘起

冬天到了，四环游戏小组许多孩子都穿着妈妈或者奶奶亲手做的棉鞋。棉鞋有一个别具特色的名字——"毛窝"。这其中蕴含了的民俗文化和乡土亲情，更体现了这些孩子与老家千丝万缕的关系。

在现今的城市生活中已经很少见到。毛窝穿在脚上非常暖和，心中也感到暖意。为此我们从孩子们的生活中发掘出这个活动，从家长中汲取民间资源更利于增强他们的教育自信。

> 目标以情感为主线，贯穿认知和技能的要求。同时体现了混龄的特点，也包括对家长的现场培训。

活动目标

1. 认识各种不同的鞋以及鞋的构成。

2. 知道棉鞋的名称叫"毛窝"。小孩子通过绘画、涂色、拓印、粘贴等方式装饰鞋样；大孩子可以把自己装饰好的鞋样粘贴成鞋的模型。

3. 体会妈妈亲手做鞋的辛苦和对自己的亲情。

> 一般分为材料准备和经验准备（备孩子）。家长也可以参与到准备过程中，比如提供材料和带孩子进行观察等。

活动准备

铅笔、蜡笔、拓印用的插片等。

剪好的毛窝鞋样（家长准备）。

> 活动过程的叙述比较简练。教师实际使用时可以灵活调整，举一反三。一个活动可以分解成两三个课时开展。部分活动是在生活中即时开展的。体现了回归孩子生活和情感融入。

活动过程

1. 猜谜导入：稀奇古怪两只船，没有桨来没有帆。白天带人四处走，夜晚睡觉在家中。（鞋）

2. 老师引导幼儿观察小朋友穿的鞋。

冬天到了，穿上厚厚的棉鞋，小脚就不冷了。

请一名穿着妈妈亲手制作的"毛窝"的幼儿，站到前面展示自己的鞋子。引导大家观察，认识鞋子的各部分（鞋底、鞋帮），告诉孩子鞋子的名称(毛窝)。体会"妈妈/奶奶做的鞋子是最温暖的",要谢谢妈妈/奶奶。

3. 请会做的妈妈老师示范剪鞋样、装饰鞋面以及缝制鞋子。

4. 发放剪好的鞋样,请孩子制作鞋子。先装饰鞋面(小孩子可以涂色),再把鞋底和鞋样缝起来。

5. 展示小朋友们装饰的鞋样。看看自己做的鞋子漂亮不漂亮。回家感谢妈妈为自己做的鞋子。

> 家庭资源的开发:活动前提供"毛窝"的模型或制作材料;可以请家长来幼儿园指导制作"毛窝"。

家长可以做什么

家长给孩子们讲一讲"毛窝"是怎么做出来的。

注意事项

1. 本活动来源于家长自身的民俗资源,可以最大程度发挥家长的作用,让她们给孩子讲"毛窝"是怎么做出来的。

2. 为了降低难度,也可以把这个活动拆分成装饰鞋底和鞋帮两个活动。实施时可以根据具体情况而定。

3. 对于能力强的大孩子,教师可以指导孩子们把装饰好的鞋样粘贴起来做成鞋的模型,孩子们会非常开心的。

> 活动延伸主要是两个层次的延伸,一个是活动本身前期和后期的延伸,教师还可以组织什么活动;另一个是教育向家庭中的延伸,体现在活动之后家长在家庭中可以做什么,以及家长和老师的合作与沟通等。

活动延伸

1. 收集和制作纸板的鞋样,预先在蒙氏活动中拓和剪。

2. 美术活动:做鞋垫组织孩子用拓印等方法开展。

3. 开展穿大鞋的游戏、系鞋带比赛等活动。

注:毛窝是北方对棉鞋的一种称呼。这一活动来源于对乡土文化的挖掘,是民族文化的传递,有利于增强对本土文化的认同感,

建立对传统文化的自信。本教案仅提供参考，各地可针对当地民俗，自行选取相应的内容。在课程资源开发中，教师应多挖掘传统文化，避免盲目跟风和不切实际，追求城市化。

（资料来源：张燕主编，《非正规学前教育的理论与实践——基于四环游戏小组的探索》，北京，北京师范大学出版社，2010：第278~280页，有删减）

2. 小组活动

由能力相近的幼儿组成小组，或者是不同年龄之间的幼儿形成小组，以小组为单位开展教育活动是一种有效的教育组织形式。例如，四环游戏小组晨间的桌面游戏，对建构感兴趣的孩子一组，喜欢美工的孩子一组，幼儿之间可以相互学习。小组活动的优点是降低了师生比，规模相对变小，便于教师对幼儿进行指导，增加了教师与幼儿的互动；同时也为幼儿提供了同伴交流、合作、讨论和分享经验的机会；更有利于幼儿积极地操作材料，根据自己的速度和方法去做所要求的事。

小组活动的注意事项如下。

（1）小组成员的编排可按能力、兴趣、性别分组，也可幼儿自由组合。幼儿分组要考虑到组内成员的同质性和异质性，尽可能做到均衡和互补。鼓励混龄分组，以大带小，发挥混龄儿童的相互影响作用。

（2）小组活动时，要让幼儿明确活动的任务，引导幼儿思考问题解决的方法，教师要进行个别指导。

（3）在小组活动中，注重发挥大带小的作用，可以选择一名幼儿担任小组负责人，有意识地发挥同伴之间的影响力，培养幼儿的责任感和合作意识。

（4）活动结束后，教师应组织幼儿交流和分享各组活动的成果，让幼儿有机会表达展示。

3. 自由活动

幼儿可根据自己的需要和意愿，选择自己感兴趣的活动。自由活动并不等于个人活动，它是自主的活动，没有统一要求，教师一般不加以干涉，幼儿可以创造性地活动。幼儿自由活动中，教师需要注意观察，引导幼儿学会自主选择，培养幼儿的活动兴趣，鼓励幼儿尝试不同的活动。

组织自由活动的注意事项如下。

(1)教师应为幼儿的自由活动提供安全的材料、空间和场地，如规定活动范围，并随时关注每一名幼儿的活动情况。

(2)在幼儿自由活动的过程中，教师应增强对幼儿的观察，以更好地了解每一名幼儿的活动能力与发展水平，在此基础上进行有针对性的指导。

(3)协助幼儿制订活动计划和规则，并在活动过程中有意识地引导活动的开展。

农村地区人口往往比较分散，小型的幼儿园多，采用混龄班级形式，混龄班级的活动组织形式相对具有综合性，不是某一种组织形式为主，而是这三种组织形式的综合运用，这既是对教师教育能力的挑战，也蕴含着丰富的教育资源和契机。班级是幼儿集体生活和活动的场所，有班级共同的教育目标和教育主题，需要通过集体活动来完成；然而幼儿的年龄跨度大，能力发展差异大，班级活动组织要充分的考虑不同年龄段幼儿的特点，通过小组活动分层的展开有益于实现差异化的目标，让每一个幼儿都得到发展。实践证明，混龄班级中的这种幼儿年龄差，也正好弥补了教师资源的不足，在活动中发挥大年龄段幼儿的作用，让他们担当班级小老师，协助老师分发材料、帮助低年龄段幼儿，幼儿在帮助他人的过程中实现自我的发展；应当认识到同伴是一种重要的资源，以大带小，哥哥姐姐照顾弟弟妹妹，弟弟妹妹向哥哥姐姐学习，这样可以发挥导生制的优势，既能够缓解现场人员的不足，还可以让孩子们体会到兄弟姐妹的相亲相爱，营造了友好互助的班级氛围。更重要的是，来自于伙伴群体或是兄弟姐妹之间的影响有时是教师所不及的。

幼儿园教育活动的开展

幼儿园的教育活动可以在生活实践活动、集体教学活动、游戏活动中开展。三种活动方式各有其独特的作用，适用的教育内容、教育的侧重点有所不同。生活实践比较适合与生活相关的教育内容与要求，指向于培养幼儿的行为习惯、生活能力；集体教学活动偏向于每一个幼儿都需要掌握的基本常识，如民族文化与习俗、社会规则等，有助于保障共同教育目标的完成，也有助于培养幼儿的集体意识；游戏活动侧重于身体锻炼、人际交往等，培养幼儿的社会情感等。三种活动方式不是非此即彼界限清晰的，教师可以根据需要和场合条件，具体情况具体分析，以增强幼儿活动兴趣，顺利有效地促进活动的开展为宜。

1. 生活实践活动

对于幼儿来说，生活是重要的教育内容，幼儿园教师要围绕幼儿的生活开展活动，例如"洗手""我把玩具收拾好""文明进餐"等，这样的生活教育可以直接在生活环节中完成。在生活中教育不仅渗透了保教结合的理念，也是符合幼儿学习的特点——做中学，也有助于老师了解到每一个幼儿发展水平，可以有针对性的指导。生活实践活动更多地围绕有关幼儿行为习惯和生活能力培养，即保育活动，前文已有介绍，这里重点介绍教学活动与游戏活动。

2. 集体教学活动

集体教学活动通常是以认知、技能培养为目的、面向全体幼儿开展的活动。集体教学活动中，幼儿是活动的主体，主要体现在教育目标是适宜于幼儿的、让幼儿跳跳够得着，教育内容选择的依据是幼儿的发展需要，教育过程是师幼人际互动的过程，而灌输说教的方式，将幼儿视作接受知识的容器是不适宜的。集体教学的组织形式可以采取谈话、操作、游戏、表演等，也可以在集体中分组等，同样能够适宜幼儿发展的规律与学习特点。

（1）以集体教学的形式为主，注重教学游戏化。游戏是幼儿最喜欢的活动，用幼儿感兴趣的方式组织集体教学，可以增强活动的趣味性。

(2)活动内容注重从幼儿的生活中选材,从已有的教材和教案中改编,从本土资源中挖掘和开发。

(3)教学活动注意与生活相结合,来源于生活同时丰富和拓展孩子的生活经验,做到保教结合。

(4)教学活动延伸到游戏中,达到复习巩固加深理解的作用。

3. 游戏活动

幼儿园以游戏为基本活动。游戏是幼儿认识外部环境的途径,幼儿园寓教育于游戏中,在游戏中提高幼儿的能力,培养幼儿的规则和行为习惯。教学活动可以通过游戏的方式组织,游戏活动也可以生成为教学活动,游戏与学习而非界限分明可相互转换和促进。

(1)教师为幼儿提供丰富的游戏材料,提供充足的游戏时间,支持幼儿游戏,参与幼儿到游戏中隐性示范与指导,注意发挥幼儿的主体性和创造性。

(2)幼儿游戏可以有集体游戏、小组游戏和自由游戏等不同类型,可根据活动目的、游戏性质来选择游戏类型。

(3)幼儿园的游戏应以民间、乡土游戏为主,注重发掘民间传统游戏的价值,注重发挥家长的力量和充分利用家长资源。

这些活动都是例行性活动,在幼儿园的每天生活中有条不紊的开展,有利于在幼儿的生活中形成相对稳定的节奏。同时,在幼儿园不同时段、不同时节会有特殊活动,例如上章提到的入园、升班和毕业的活动,以及第六章提到的大型活动如春秋游、运动会、亲子故事大赛等,这些特殊活动都纳入班级学期计划中,要与例行性活动相结合,相互延伸和补充,整合资源,丰富幼儿的活动和生活。

表4-1　四环游戏小组幼儿和老师一日活动行为规范

时间（环节）	幼儿常规培养	主班老师职责与要求	配班老师职责与要求（志愿者家长）
8:30 具体时间会根据季节及冬夏季不同情况调整		● 到达游戏小组 ● 不迟到，着装整洁，不披头散发，不穿高跟鞋和拖鞋 ● 与当日的配班老师和值班家长沟通半日活动流程，明确各个环节的活动分工	● 到达游戏小组 ● 不迟到，着装整洁，不披头散发，不穿高跟鞋和拖鞋 ● 与当日主班明确半日活动分工 ● 准备半日活动所需材料（抹布、盆、纸等）
8:45—9:00 孩子陆续来游戏小组	● 衣服整齐，手脸干净，吃过早饭 ● 带水杯、手绢，不带零食和玩具用末游戏小组；自己的物品摆放整齐 ● 有礼貌地和老师问好，和爸爸妈妈说再见 ● 大孩子值日生和老师一起轻轻摆放桌子、清洁桌子、玩具柜，为绿植浇水，迎接小孩子到来	● 站在门口高兴的迎接孩子的到来，以及和家长、孩子问好问早 ● 和孩子及家长简单交流，为半日活动营造良好的开端 ● 提醒孩子正确使用礼貌用语，和父母说再见 ● 检查孩子的卫生、体温和口袋 ● 在门口和孩子提好要求：今天早上可以玩什么，请幼儿选择一项；轻轻地进屋，操作材料；照顾弟弟妹妹等	● 各自明确自己的分工，做好自己的事情，不干涉其他老师的工作 ● 播放音乐 ● 引导孩子把水杯、衣服叠好放在固定的位置，轻拿轻放板凳，当其他需要帮助的信任孩子的能力，当他需要帮忙时候再帮忙 ● 和孩子一起收拾教室、摆桌子、擦桌子、浇花等 ● 按照分工，坐在自己负责的区域，开始操作材料 ● 在户外和孩子及家长热情打招呼，在室内始终轻声说话

续表

时间（环节）	幼儿常规培养	主班老师职责与要求	配班老师职责与要求（志愿者家长）
9:00—9:45 蒙氏活动	●轻轻地走进教室，搬着小板凳坐下，比较安静地开始活动 ●比较安静的、正确的操作蒙氏材料 ●轻轻走动、取材料时有礼貌的说"请" ●动脑筋、想办法、克服困难，能友好谦让和轻声交谈 ●爱惜玩具，不争抢、不影响其他同伴游戏；快速整齐地收放玩具，玩具要放回原处 ●为培养孩子的坚持性每次操作活动只能操作最多两个材料 ●在阅读室安静看书，一页一页地翻书，看完一本放回原处再看另一本 ●作品放入自己的作品袋	●继续在门外迎接孩子，和家长交谈 ●引导游离的孩子参与活动 ●尽可能地减少在屋内走来走去的次数 ●收玩具之前和配班老师（特别是美工区的配班老师）做好沟通，在前三分钟，一分钟和十个数的时候分别提醒孩子	●按照分工，具体指导一组幼儿的活动，尽量照顾到每组该组的每一个孩子 ●始终轻声说话 ●始终在自己负责的这一组和孩子一起进行操作活动，尽量不要随意走动 ●对孩子的操作进行鼓励和尽可能细致地引导（美工区：画面的完善、材料的取放等；益智区：图书区：安静倾听、大胆讲述，书籍的收放等），激发孩子的信心、兴趣和坚持性，并尽可能地做好记录观察 ●尽量让孩子自己玩玩具，可分任务，协助孩子有序地收放玩具

续表

时间（环节）	幼儿常规培养	主班老师职责与要求	配班老师职责与要求（志愿者家长）
9:45—10:00 过渡环节 晨间谈话	●轻轻地拿着板凳并放在合适的位置，坐好 ●安静倾听老师说话 ●积极思考	●有激情，运用手指游戏等吸引孩子的注意力 ●晨检谈话的具体内容包括：蒙氏总结、小小播报员等，点名、要求简洁明了，具体的总结，关注意对个别孩子和事件的及时处理 ●注意孩子的情绪	●引导孩子找到位置坐好 ●清楚、大方地用普通话点名 ●坐在孩子后面或劳动边 ●眼里有孩子，有话，能够协助维持秩序，特别是个别孩子和事件的处理（轻声处理、尽量不要影响其他孩子）
10:00—10:30 做操 户外集体游戏	●穿好衣服、喝一点水、按顺序排队 ●到院子里能迅速站队，不抢点，大哥哥大姐姐站后面，小弟弟妹妹站前面 ●根据老师口令认真做操、姿势正确、精神饱满 ●上厕所轻轻地告诉附近的老师	●老师示范正确、口令洪亮、精神饱满，带动孩子的情绪 ●随时纠正孩子的错误动作 ●及时公正地处理幼儿的突发事件 ●集体游戏的选择要充分考虑天气、场地及处理孩子的情绪状况和发展水平 ●照顾到每一个孩子的参与	●提前清理场地的安全隐患，准备好音乐 ●协助主班引导孩子有序排队站点 ●跟着主班老师一起做操（站在队伍的最后）、精神饱满 ●随时关注游戏离的孩子，并到其身边安静提醒 ●及时处理各种突发事件，提醒年纪小的孩子上厕所 ●配合主班老师的组织的集体游戏，以饱满的情绪参与游戏带动孩子，并关注到孩子的各种突发状况

续表

时间（环节）	幼儿常规培养	主班老师职责与要求	配班老师职责与要求（志愿者家长）
10:30—10:40 过渡	• 有序进屋 • 有序地拿水杯、轻轻的拿着水杯坐在座位上、喝水时对着杯子口喝 • 坐在座位上安静地休息一会儿	• 引导孩子排好队，进屋 • 引导孩子有秩序地拿水杯在固定的位置喝水 • 利用儿歌、手指游戏等引导孩子安静地休息一会儿	• 一个配班老师提前进屋，将凳子摆好 • 引导先进屋的孩子拿水杯在固定的地方喝水，帮助小孩子打开水杯盖子，并检查孩子喝水上的情况，及时清理桌子上的水 • 协助喝完水的孩子安静地坐好
10:40—11:05 主题活动	• 坐姿端正、双手放大腿上、精神饱满 • 积极思考、回答问题的时候举手、回答问题完整、声音响亮 • 分组活动中做到"三轻"（走路、说话、取放东西） • 注意倾听老师和同伴的说话、不插嘴、积极回答问题 • 不随便移动位置和桌椅	• 做好充分的准备（材料、心理）和计划 • 有激情，吸引孩子的兴趣和注意力 • 自己在行为举止上做好榜样，并随时提醒孩子的不当行为 • 做好活动后的整理工作	• 了解活动计划，配合教学工作，配合老师做好教学准备所需物品、教具 • 积极参与教育活动，观察孩子的基本情况，轻声提醒游离的孩子参与活动 • 不随便在活动室走动，保持室内安静 • 两手不插兜、不抱肘、不做与主题活动不相关的事情，如聊天、玩手机 • 处理活动过程中孩子的突发事情，哭，吵

续表

时间（环节）	幼儿常规培养	主班老师职责与要求	配班老师职责与要求（志愿者家长）
11:05—11:20 户外自由活动	●能迅速、整齐地收放玩具 ●正确使用玩具 ●同伴之间友好、一起玩玩具，不争抢 ●跑步走路的时候看前面，避免冲撞	●提前告知孩子可以玩的材料及玩法要求；选择数名大孩子负责材料的收放 ●尊重孩子的选择游戏的类型，恰当指导孩子；参与到幼儿的游戏中 ●视线不离开孩子，注意整个户外孩子的安全，及时处理突发事件	●参与孩子的活动，恰当指导孩子的活动 ●视线不离开孩子，注意整个户外孩子的安全，及时处理突发事件 ●引导孩子安全地操作材料，正确地收放材料
11:20—11:30 故事阅读 弟子规朗读 发宣传页 放学	●有秩序地进屋，喝水 ●坐姿端正，双手放大腿上，精神饱满 ●注意倾听老师和同伴的说话，积极回答问题，回答问题举手 ●不插嘴 ●不随便移动位置和桌椅 ●轻轻收板凳 ●放学和老师说再见 ●拿着自己的水杯、宣传页和作品回家	●提醒和讲故事的家长做好沟通 ●协助家长讲故事、维持纪律 ●有针对性地对孩子表现、值日生表现进行总结 ●发放宣传页，与家长、孩子有礼貌地再见	●提醒孩子喝水，给小孩子拧开水杯盖子 ●提醒孩子正确地收放板凳 ●提醒孩子拿着自己的水杯、穿好衣服 ●一名配班在院子门口看孩子是否由自己的家长带回家

续表

时间（环节）	幼儿常规培养	主班老师职责与要求	配班老师职责与要求（志愿者家长）
11:30— 整理教室及材料 总结半日活动		●写交接日记 ●回顾总结半日活动	●和值日生及值班家长一起清洁教室 ●补充蒙氏活动所需材料 ●回顾总结半日活动
		中午	
14:20—		●到达游戏小组 ●不迟到，着装整洁，不披头散发，不穿高跟鞋和拖鞋 ●与当日的配班志愿者和值班家长沟通半日活动流程，明确各个环节的活动分工	●到达游戏小组 ●不迟到，着装整洁，不披头散发，不穿高跟鞋和拖鞋 ●与当日主班明确半日活动分工 ●准备半日活动所需材料（抹布、盆、纸等）
14:30—14:45 孩子陆续来到游戏小组	●衣服整齐，手脸干净，吃过饭 ●带水杯、手绢，不带零食和玩具物来游戏小组，自己的物品摆放整齐 ●有礼貌地和老师问好，和爸爸妈妈说再见	●站在门口高兴地迎接孩子的到来，以及和家长、孩子同好 ●和孩子及家长简单交流，为半日活动营造良好的开端 ●提醒孩子正确使用礼貌用语，和父母说再见 ●检查孩子的卫生，体温和口袋	●各自明确自己的分工，做好自己的事情，不干涉其他老师的工作 ●播放音乐 ●引导孩子把水杯、衣服放在固定的位置，轻轻拿板凳（相信孩子的能力，当他需要帮助的时候再帮忙）

续表

时间（环节）	幼儿常规培养	主班老师职责与要求	配班老师职责与要求（志愿者家长）
		●在门口和孩子提好要求：今天早上可以玩什么。请幼儿选择一项；轻轻地进屋，操作材料；照顾弟弟妹妹等	●按照分工，坐在自己负责的区域，开始操作材料 ●在户外和孩子及家长热情打招呼，在室内始终轻声说话
14:45—15:30 蒙氏操作	●轻轻的走进教室，搬着小板凳坐下，愉快地开始活动 ●比较安静、正确地操作蒙氏材料 ●轻轻走动，取材料时有礼貌的说"请" ●动脑筋、想办法、克服困难，能友好谦让和轻声交谈 ●爱惜玩具，不争抢，不影响其他同伴游戏；快速整齐的收放玩具，玩具从哪里拿回原处 ●为培养孩子能操作每次持续性的坚持拿最多两个材料 ●活动只能操作放入自己的作品袋	●继续在门外迎接孩子，和家长交谈 ●引导游离的孩子参与活动 ●尽可能地减少在室内走来走去 ●收玩具之前和配班老师（特别是美工区的配班老师）做好沟通 ●做好次数的统计，一分钟和十个数的在前三分钟、一分钟时候分别提醒孩子	●按照分工，具体指导一组幼儿的活动，尽量照顾到该组的每一个孩子 ●始终轻声说话 ●始终在自己负责的这一组和孩子一起进行操作活动，尽量不要随意走动 ●对孩子的操作进行鼓励和尽可能细致地引导（美工区：画面的完善，材料的取放等；益智区：同伴的合作，材料的收放等；图书区：安静倾听，大胆讲述，书籍的收放等，激发孩子的信心、兴趣和坚持性，并尽可能地做好记录观察 ●尽量让孩子自己收玩具，可分任务，协助孩子有序地收放玩具

续表

时间（环节）	幼儿常规培养	主班老师职责与要求	配班老师职责与要求（志愿者家长）
15:30—15:40 过渡	●轻轻地拿着羊板并放在合适的位置、坐好 ●安静倾听老师说话 ●积极思考	●有激情，运用手指游戏等引孩子的注意力 ●简单谈话，具体地总结、关注孩子的情绪 ●注意对个别孩子和事件的及时处理	●引导孩子找到位置坐好 ●清楚、大方地用普通话点名 ●坐在孩子后面或旁边 ●眼里有秩序，有话，能够协助维持秩序，特别是个别孩子和事件的处理（轻声处理、尽量不要影响其他孩子）
15:40—16:10 户外活动（做操、集体游戏或自由游戏）	●到院子里能迅速站队、不抢点，大哥哥大姐姐站后面，小弟弟妹妹站前面 ●根据老师口令认真做操、姿势正确、精神饱满 ●上厕所轻轻地告诉附近的老师 ●能迅速、整齐地收放玩具 ●正确使用玩具 ●同伴之间友好、一起玩玩具、不争抢	●老师示范正确、口令洪亮、精神饱满、带动孩子的情绪 ●提前告知孩子可以玩的材料及玩法要求；选择数名大孩子负责材料的收放 ●尊重孩子的选择游戏的类型、恰当指导幼儿的游戏中 ●视线不离开孩子、注意整个户外孩子的安全、及时处理突发事件	●参与孩子的活动、恰当指导孩子的活动 ●视线不离开孩子、注意整个户外孩子的安全、及时处理突发事件 ●引导孩子安全地操作材料、正确地收放材料

续表

时间 （环节）	幼儿常规培养	主班老师职责与要求	配班老师职责与要求 （志愿者家长）
16:10—16:30 主题延续/ 集体看电视/集体阅读 放学	● 安静进屋、喝水、休息一会儿 ● 安静看电视和同伴听故事、注意倾听老师和同伴的说话、不捣嘴，积极回答问题，回答问题举手 ● 不随便移动位置和桌椅 ● 不随便移动位置 ● 放学和老师说再见 ● 拿着自己的水杯和作品回家	● 提前选择好要讲的故事和播放的光盘，并和讲故事的家长做好沟通 ● 协助家长讲故事、维持纪律 ● 有针对性的对孩子表现、值日生表现进行总结，与家长、孩子有礼貌地再见	● 提醒孩子喝水，给小孩子拧开水杯盖子 ● 提醒孩子正确地收板凳 ● 提醒孩子拿着自己的水杯，穿好衣服 ● 一名配班在院子门口看孩子是否由自己的家长带回家
16:30—17:00 整理教室及材料 总结半日活动		● 写交接日记 ● 回顾总结半日活动	● 和值日生及值班家长一起清洁教室 ● 补充蒙氏活动所需材料 ● 回顾总结半日活动

注1：一问，通过询问家长，了解幼儿回家后的健康情况，包括精神状态、食欲、睡眠情况、大小便情况及有无咳嗽等疾病症状；二摸，通过触摸幼儿的前额粗知幼儿是否发烧，对可疑发烧应测量体温；三看，观察幼儿的精神状态、脸色是否正常，有无流泪、流鼻涕、眼膜充血等现象（特别是脸部、耳后、颈部）等；四查，检查幼儿口袋里是否有可造成创伤的小东西。
注2：此表仅供参考，各幼儿园应根据自己的实际情况开展一日/半日生活常规的培养及相应的指导策略。

　　※　　　　※　　　　※　　　　※

实践运用

1. 结合你多年的工作经验，谈谈你对幼儿特点的认识。

2. 你在接手一个新的班级时，是如何建立班级常规的？在执行常规中遇到的问题及如何解决？请用实例说明建立常规的重要性。

3. 请结合本学期你班的教育活动内容，谈谈教育内容选择的依据和来源。

4. 请你设计一个班级幼儿秋游活动计划。

案例分析

案例1　种子发芽了

　　今天是种植活动的第一天，孩子们特别关心种子的发芽情况。阳阳问："老师，种子什么时候发芽？它在泥土里干什么？"我说："种子在泥土里睡觉呢。等它睡饱了，养足精神，就会钻出泥土，发芽了。"第二天自由活动时，我听到阳阳站在地边说："小种子！你快起床啦，别睡觉了。"我说："种子要在泥土里面睡好几天才会发芽呢。"

　　五天以后，阳阳一大早就兴冲冲地跑进来对大家说："看！种子起床啦，种子发芽了。"他边说边把手摊开，原来是一颗刚刚发芽的绿豆苗。这时孩子们纷纷围上来："呀！真的发芽了。""还有两片小叶子。"……看着孩子们兴趣十足，我没有责怪阳阳，而是惊讶地说："我怎么没看到，阳阳观察得真仔细！"阳阳说："我看到泥土里有点绿的，就把它挖出来看看，原来种子真的发芽了。"这时我接着问："这棵小苗还会长大吗？"孩子们议论纷纷："它不会长大了。""阳阳把它弄死了。""种子不在泥土里会渴死的。"……阳阳急了："老师，它真的死了吗？"我说："我也不知道它有没有死，但我们可以试着救救它。""再把它埋到泥土里去。"阳阳建议。我说："好吧，要是它长出新叶子，就表示它活了。"在我和小朋友的帮助下，阳阳把小豆苗重新埋到泥土里，还为它浇了水。

又过了两天，晨间活动刚结束，阳阳便高兴地跑进来："种子活了，它长出小叶子了。"并请大家去看。真的，小豆苗又长出了一片新叶。

幼儿总是怀着强烈的好奇心和良好的动机去探究周围的世界，而探究活动就是尝试错误的过程。所以，教师应允许幼儿出错，因为幼儿的错误正代表着他当前的认识水平。从表面上看阳阳的挖豆苗行为有点破坏性，但透过这个行为我们可以看到阳阳的真实想法：他非常想探究种子是否发芽，他所能想到的办法就是把种子挖出来看个究竟，这就是阳阳当前的认识水平。

当然，允许幼儿出错，并不是对幼儿的错误置之不理，而是要引导、鼓励幼儿去发现错误，改正错误。阳阳在教师的引导下明白了把小豆苗挖出来会危及到小豆苗的生命，并立即进行补救。第二次，阳阳已不像第一次那样把小豆苗"拿"出来给大家看了，而是请大家到现场去看。这说明，阳阳通过试误提高了认识，获得了相关的经验。

分析与思考

1. 当看到孩子不知缘由地把豆苗挖出来，作为老师的你是不是会因此而怒不可遏呢？又该如何去补救孩子的"破坏行为"呢？

2. 你如何看待"童年是允许犯错误的"？

（作者郦琦，选自《幼儿教育·教师版》，2006年第3期）

案例2　玩泥巴

下午天气非常暖和，我和孩子们去种植园浇菜。水流过来，很快菜埂就被浸湿了。有的菜埂被水冲开了一个个的小口子，水不住地顺着口子溢了出来，孩子们赶快捧来旁边的干土堵口子，很快，菜埂上的口子被堵住了。可是孩子们的手脚并没有闲下来，他们在菜埂旁边挖泥土捏揉起东西来。

"老师，我捏了一个鸡蛋。"

"老师，看我拍了一个烧饼。"……

孩子们七嘴八舌，有说有笑，玩得好不热闹。

"孩子们，你们的小手可真灵巧，来，看我给你们捏一条蛇吧。"我也被孩子们的情绪所感染，很快加入了孩子们玩泥的队伍。孩子们帮我取来菜埂边的泥土，然后我们就一起捏起蛇来。蛇越捏越长，我们还用小棍给蛇插上了眼睛。

正在大家越捏越起劲的时候，张钊突然大声叫道："老师，这儿都变成大坑了！"呀！我这才意识到，我们光顾着玩泥巴了，没有考虑玩泥的地点，结果把好端端的菜地挖得坑坑洼洼的了。怎么办？我灵机一动，"孩子们，这些坑是哪来的啊？"我装作不明白的样子问大家。"这个是我挖的。""那个是我挖的。"孩子们都很诚实地承认道。"这些坑会给菜地带来好处还是坏处？"我继续问道。孩子们都表现出了一副动脑筋想办法的模样。自强说："我们再浇水的时候，水就会流到这些坑里，那样就会浪费很多水。"另一个孩子说："菜埂上的土少了，水该往外溢了，就更挡不住水了。"看来孩子们都知道这是不好的，我就继续启发他们说："我们应该怎么办呐？"孩子们很快就回答我："把土填回去。"于是我们迅速动手，很快就把土坑填平了。我问孩子们："你们还想玩泥巴吗？"孩子们异口同声地说："想！""那我们没有泥巴了怎么办？"孩子们想了想，纷纷说："我们自己带土，我们回家想办法带土来玩。"

第二天，陈君宇小朋友带来了一袋泥土，他说是他妈妈帮他从一家盖房子的泥土堆上装的。我也从我们村的沙锅坊要了一些黑胶泥带到了班上，孩子们又能快乐地玩泥巴了。

分析与思考

1. 生活中的教育对幼儿发展有哪些价值？
2. 教师如何平衡执行既定计划与满足儿童兴趣之间矛盾？

（作者：阎海莲　张建兰）

拓展阅读

儿童游戏的乐园

——日本幼儿园教育特色及其带给我们的启示(节选)

张 燕

一、以游戏为特色的日本幼儿园教育

日本幼儿园重视开展游戏,以游戏为基本活动早已不是一种口号,而是实在的孩子的生活方式,这在各个幼儿园都是极普遍的,成为了日本幼儿园教育的特色,具体可以从以下几点得到体现。

1. 幼儿在园生活是从游戏开始,一日中游戏时间充分。

幼儿在园的生活是从游戏开始,特别是从自由游戏开始的。

日本幼儿园、保育园的一日生活安排,入园时间大多为上午8:00—8:30(或9:00),幼儿自入园至10:00或10:30均为自由活动、游戏,可以在室内或户外玩。天气好时,幼儿一般都选择户外游戏。幼儿园通常中午饭后,12:00—13:00也是自由活动。保育园幼儿午睡后,还有较长时间自由游戏。

日本幼儿园、保育园的教育活动有两大组织形式,即集体活动与自由活动,幼儿自由游戏与集体活动(包括生活环节)的时间之比一般为3:1。以半日教育为主的幼儿园的孩子,每天在园大约有3个小时可以在大自然中进行自发自主的游戏,尽情玩耍。保育园实施全日教育,孩子的游戏时间更长。总之,无论是去幼儿园,还是保育园,所看到的多半都是孩子们在游戏的情景。

集体活动也是以游戏为主:如唱歌、音乐律动及绘画、手工制作等。集体教育的一种重要形式是所谓"行事"活动,这是取材于社会生活或幼儿园生活的重要事件的综合主题活动,如"七夕""风筝"等,通常也是密切结合幼儿生活经验,使之得到充分情感体验的游戏。日本幼儿园中正规的教师组织的知识性教学极少见。

2. 游戏环境材料简易、朴实、自然,有利于激发孩子的兴趣和便于操作,创造性地运用。

日本幼儿园通常有较好的自然环境，有浓郁的树荫，有的园就掩映在小树林、草丛中。

室内材料玩具购买的现成玩具有限，且大多很简单，如拼板、积木、绒毛玩具、折纸材料等；户外材料设施则较为多样，有大型运动器械，如秋千、单杠、滑梯、攀登架、跳马、爬网、平衡木、联合运动器械等。小型运动材料有球、圈、绳、沙袋。传统玩具如陀螺等常能见到。

沙箱、沙池及玩水设施的设置很普遍。这类活动幼儿最为感兴趣，利用率极高。有的园甚至把整个院落作为一个大沙场供幼儿挖土装车，用沙造型。

在这里，自然物及废旧材料得到极为充分的利用，给人留下深刻印象。在幼儿园常常可以见到大量非专门化材料，如纸板箱、废纸盒做成的摇马、娃娃家小房子等，为幼儿开展游戏创造条件。通常，各班均备有纸头、绳头、布头、木块下脚料、塑瓶盒等废旧物箱，很多玩具都是幼儿自制的。如用废报纸染色折帽子，小班儿童也尝试自制玩具。我曾见到小班孩子用木块下脚料等做成小车，饭后到多功能室赛车玩！户外场地往往有大量废轮胎，有的将轮胎侧立插入地面即成跳马，幼儿还可以叠起登高，或是滚动着玩。

幼儿园注重为儿童提供在自然中游戏的条件。材料设施常常是依自然环境设置，如在数上系绳、打结、架绳梯、绳网，或是在两树之间架秋千，供幼儿攀爬、荡悠。有的依大树干造一小木屋，幼儿可以爬上去在树当腰玩他们喜欢的游戏。有的园依地势高低不同而设跳台，或是在场地上特意堆起小山坡让幼儿进行登、滑、钻、爬等活动，获得多种体验。有的幼儿园还专为儿童设置了有趣新颖可躲藏的较神秘的处所，为成人所不能及。

总起来看，日本幼儿园提供的游戏环境与材料具有简易、朴实、自然的特点，使人有亲切平实之感，更重要的是它有利于激发幼儿兴趣，便于其操作和活动，创造性地运用。

3. 活动类型多样，注重让幼儿在户外进行运动性游戏和接触自然的活动。

日本幼儿园特别注重引导幼儿在自然中进行活动性游戏和进行密切接触自然的游戏。具体来说有以下特点。

活动性游戏开展充分。孩子可以在场地上跑动、蹬脚踏车、玩大运动器械、爬竿、爬梯等，充分运动身体，体验惊险，感受克服困难后的愉悦和对自己能力的自信。幼儿充分运动，因而身体健壮，有较强体力和活动能力。在五之神幼儿园，一个五六岁的小女孩拉着我的手在园内参观，并示范各种器械的玩法，她曾手脚交替迅速爬上一约三层楼高的高竿。

各园均有沙池，幼儿可玩沙池沙筑的工事，拿小桶装水倒进沙筑的工事，有的玩得兴起，甚至脱了衣服跳进沙池泥水中玩耍。到了夏天，通常幼儿每天可在水池中游泳、戏水，获取水中活动的感受。

幼儿可以开展接触自然的活动，如在草丛中找寻昆虫，他们三三两两提着小笼在草丛中寻找、捕捉、观察这些小生灵的不同形态、习性，关注它们的生存状况。饲养与种植活动开展得比较普遍。幼儿园通常有自己的种植园地并饲养羊、马、狗、鸡等小动物。幼儿直接参加种植与饲养不仅可认识观察，更重要的是通过关心照料动植物学习完成工作任务，培养责任意识和对自然界事物热爱的情感。小动物死了，幼儿设祭台表达怜惜之情。孩子们在与动植物的密切接触中，可以体验到生与死，感受生命的历程。再有各园普遍重视开展远足活动。这是引导幼儿走向自然的综合活动，儿童步行一次长达4公里，并在山涧中戏水，过集体生活。

鬼的游戏等民间传统活动为幼儿园游戏的重要组成部分。日本幼儿园常开展鬼的游戏，如玩碰鬼、冰鬼、高山鬼的游戏，又如玩"鬼和大鸟的故事"，使幼儿经历黑暗、冒险，进行竞争与合作，体验恐惧与成功。各种在我国早已失传的民间游戏如放飞竹蜻蜓、抽陀螺等让人产生久违的亲切感。

还值得一提的是幼儿园的音乐律动活动。幼儿随音乐做大运动量的身体活动，不仅感受音乐的旋律与节奏，同时增强各种活动能力，能协调平衡和作出灵活反应。

在日本幼儿园，处处能感到人与自然融为一体和谐共处的气氛。

4. 游戏中幼儿自主自由，教师积极参与共享游戏快乐。

游戏中幼儿自主自由，活动类型不是由教师硬性安排的，而是由幼儿自己选择的：玩什么，怎么玩均由他们自己做主。幼儿在游戏中无拘无束，尽情玩耍。教师也与班上孩子们一起玩。如教师与孩子们一起做泥饽饽，或是与孩子们一起挖沙，修沙筑工事等，或是一起玩荡船及打水仗、捉人等。我曾见到一位中年男教师与小班孩子一起玩娃娃家，给玩具娃娃做饭喂饭等。园长也常常与幼儿在一起，关注参与他们的活动。如金井园长帮儿童制作飞镖，激励引导之。

教师始终是一名游戏的参加者。我所参观的这些园中，未见到教师站在一旁旁观，或做其他无关事情的现象。教师积极参与活动，有时建议指导，有时给予一定帮助，但更多的时候是作为幼儿中的一员，师生之间较少距离感。教师作为幼儿的游戏伙伴或大朋友，以自己饱满的情绪感染影响幼儿，并对幼儿表达支持赞许的态度，可增强师生情感联系；教师这种平等身份而非居高临下的关系还有助于幼儿在活动中学习自己做主、自创玩法等，因而游戏中较少见到依赖教师的行为。教师通常不对幼儿提出强制性要求，而是与之一起活动，行为示范和引导感染之。如在音乐律动活动中，常常可以看到教师会像孩子一样四脚着地爬行并与之一样开心地喊叫，虽然满手是灰是泥，但能共享游戏的欢乐。在一所幼儿园我们还看到教师与儿童一起玩沙挖河道、注水，玩得兴起，幼儿跳入泥水中，教师也助兴帮其脱衣，并往其身上泼水等。我感到在这里，教师的作用就是千方百计让儿童玩得高兴。

自由活动中，一般班级界限不明显，教师较为放手，提供了一种宽松开放的环境。每个幼儿可以做他喜欢做的事情，不同年龄、班级的幼儿也可相互学习、影响。

当然在游戏中，教师并非完全放任，而是要做到心中有数。教师要注意幼儿和谁玩，在哪儿玩，玩什么，玩得如何等，并依平时对每个儿童活动特点的观察了解，采取相应措施。如对能力差的或有特殊行为的（自闭症），教师或是使其他幼儿带着玩，或是与之一起玩，随时提供帮助、指导技能等。

二、日本幼儿教育带给我们的启示与思考

日本幼教实践，特别是幼儿园中游戏的开展，体现出一定的教育观念，与中国幼教实践加以对比，可以引起我们的思考。

1. 如何确立幼儿教育目标的侧重点？

日本幼教实践注重使幼儿通过活动获得情感体验，注重运动性游戏对儿童的意义，强调人格、身心整体发展。他们认为，教育最重要的是使人成其为人，而非机器、工具。日本幼教的发展是与以下两个方面思潮或教改思路密不可分的。一是自然教育思想。70年代以来，随着日本经济起飞，逐步迈入现代化进程，日本教育者能清醒认识并正视现代化都市化带来的负面影响：人与自然日益远离，公寓化居住条件，电视进入家庭等，现代生活方式对儿童身心造成不良影响，使之对周围一切事物无兴趣、无感动、无气力，所谓现代儿童的三无主义。因而提出环境教育或自然教育思想，即让儿童在大自然中尽情游戏，主动探索，发展智慧与情感。在教育上有意识的对现代化带来的负面影响加以弥补，积极为儿童发展创造有利的环境、条件，使幼儿密切接触大自然。二是"全人"教育的观点。日本教育者对70年代以来的教育加以反思，认为在日本社会经济高度增长时期，教育目标是培养劳动力，进行训练教育，这种训练确有成效，但却忽视了教育最重要的是使人成其为人，而不是机器、工具或高科技与经济的附属品。因而倡导改革教育，提出教育要培养人，恢复人性，要使儿童对周围事物有感情，特别强调教育过程中教师与儿童之间心与心的交流，注重游戏。

我国近年教育界也开展"幼儿园应教什么"的讨论，这是很有意义的，但今实践中仍较重视知识教育，随经济水平提高，幼儿园物资设备投入加强了，相当多幼儿园配备了电脑以开发智力，却未能认真思考是否适合于幼儿，有益于其身心整体发展。幼儿期是运动能力发展的关键期，同时幼儿作为身心发展的整体，运动能力的发展、身体素质的提高必然有益于其身心全面和谐发展。对此我们仅在理论上加以承认，但实践中往往忽视，重智轻体，重学习轻游戏状况一直未能得到改变！近年北京市双一园验收结果表明，游戏未占重要地位和得到有效开展，而仅限于依标准——教育行政部门对种类、数量规定的标准，提供物质材料，但如何用于活动，利用情况怎样未得到关注。另外户外活动虽有时间保证，但幼儿活动情况如何，质量怎样则不甚了了，园所大型器械运用不足为普遍现象。这里显然也有管理导向问题。再有，近几年北京市"感知统合训练"学校很有市场，其原因何在，应引起反思。

2. 什么是教育的出发点和归宿？幼儿教育不同于其他阶段的特点如何？

日本幼教较注重以幼儿为主体，教育适合其自然天性。环境创设材料提供及活动方式等均从有利于幼儿发展，其兴趣的激发和使儿童积极主动的活动等为出发点，如玩泥沙，又惊险活动等可使幼儿体验快感。因而其幼儿教育较能体现生活教育的特点，贴近其生活经验，提供充分游戏机会，注重在自然的生活进程中对儿童施加教育和影响。日本幼教工作者对"幼儿园的任务就是丰富儿童的游戏"这一点是极明确的，能把游戏置于保教计划的中心地位，并积极付诸实施。

日本自然教育观点也是从适合儿童天性的角度提出来的。人具有自然天性，成长中的幼儿更是如此，他们喜爱户外活动，喜好在自然中游戏。自由活动中他们一般都选择户外游戏，他们特别喜爱自然的玩具材料，对于他们来说最有魅力的是在自然中游戏。因而教育上注重为儿童提供接近大自然的机会，使之在自然中充分活动游戏，获取大量直接感性经验，而非注重在室内进行正规知识教育等间接经验的学习。日本一些教育家认为，现代科技尽管为教育带来了种种便利，如可用电脑为儿童提供模拟的或假想的现实，但人工的假想的东西提供的是一些间接经验，且多适于室内，他们提出质疑：在儿童获取直接经验之前是否应给予其假想的现实或间接经验？认为缺乏直接经验而仅有人工假想的间接经验，能否养成儿童健全的心灵是值得怀疑的。

相对而言，我国幼教则有更多人为成分，注重正规教学。近年引入电脑，对"计算机从娃娃抓起"未作认真分析，往往是以成人好恶为标准，幼儿园教育近年趋向高精尖，并多从卫生、有序角度考虑。幼教改革多年确有很大进展，但似乎知识教育仍为关注之焦点，且教育多限于以活动室内的语言讲解，或图片图像等间接经验为主。

3. 在教育方式上是积极促进以活动促发展，还是消极防范？

日本幼儿园注重引导幼儿充分活动。在活动和游戏中培养能力，特别是运动能力、灵活反应力和大肌肉活动能力等。故教育上较为放手，但又非完全放任，而是尊重信任之，同时结合安全教育动作技能训练，使之学习协调动作，自我防范，增强安全意识，从而以活动促发展。儿童运动能力发展了……自然就不出或少出事故。

我们在教育中则较多说教，要求防范多，限制多，幼儿活动时间、活动量相对较少，其活动的天性受到抑制，一则易使幼儿情绪浮躁，二则幼儿由于常常受到过多限制，较胆小且行为被动，在这两种情况下，儿童能力均较弱。教师、家长应从对独生子女教养问题上过于焦虑的心态下解脱出来，否则限制和保护过度，甚至因噎废食，取消户外大器械活动等做法无益于教育，儿童往往表现出不能自主独立，能力缺乏，因而并不能减少事故，反而容易发生事故。

4. 游戏中教师角色如何把握，怎样建立和谐的师生关系？

幼儿教育阶段，教育目标即预期效果之实现在很大程度上取决于师生关系，教师是幼儿走向生活、走向社会之桥梁，这已为很多研究与经验所证明。这个问题与前述教育方式有关。

教师能否为儿童创设支持性环境和心理气氛，还是处处监督设防、管制、防范，对儿童的影响必然各异。

另一方面，教师能否把握好双重身份——教育者与儿童伙伴，以较好地实现教育效果？日本幼儿园教师多以伙伴身份出现，师生之间无距离感，教育指导以隐性间接方式为主，引导儿童在游戏和自然真实生活中学习，使之不知不觉，潜移默化地受到教育影响与感染，而不是硬性灌输、说教。而我们幼教实践中，教师通常是以严格社会代表者的面貌出现，即使在游戏中也是居高临下，站在儿童游戏之外充当"法官""裁判"！而不是以平等参与者身份出现，过度保护与过度限制、干预并存。因而往往一管就死，一放就乱。

5. 关于什么是幼儿教育现代化。

现代化为世界发展必然趋向，日本在这方面为同为东方国家和逐步迈入现代化进程的中国提供了一些启示借鉴。

中国自党的十一届三中全会以来，改革开放，改变以往自我封闭的状态，注意学习外国经验加以吸收、改进和建设有中国特色的幼教。近年现代化幼儿教育提法增多，文章量日益增大，但多限于从物质技术形态方面的探讨。事实上，观念现代化尤为重要，要着眼于端正教育观念。现代化幼教应是更适合儿童发展规律与教育规律，因而应能更有益于促进儿童发展。这是深层次的改革，须下大力气。日本幼儿自然教育的思想与实践值得借鉴。在这一观念指导下，有的幼儿园甚至不配备空调、电脑，甚至不配备钢琴，幼儿步行回家……通过多种方式让幼儿获得丰富经历与体验。日本幼教同行注重以正确教育观念办园办教育，其自然教育之实质就是尽一切努力促进幼儿更健康发展。

这里还需谈及对学习的两种态度方式：一是学习别人忘了自己；二是以我为主兼收并蓄。我们应持后一种态度。我们在学习上目前存在"狗熊掰棒子"现象，忙着赶新潮，学新东西，最终自己并无改进，原因就在于未能正确认识自己，分析以往利弊得失，发扬好的，改进不足；同时又未能正确认识别人，认真筛选，择其优秀者吸收之，并消化成为自己的，而是盲目照搬标新立异，学了形式而未及实质，因而不可能产生实效，改进教育质量。当前我国幼教界还存在为市场商业广告牵着走的被动局面，如"中国儿童玩美国玩具"，这种状况还导致了追求浮华风气，与国情不符。要改进这种状况迫切需要增强教育主体意识，教育工作者要在端正教育观念，在正确认识自己和他人基础上，做出科学合理的抉择。我们应提倡多一些实事求是的理性分析。

日本幼教在这一方面对我们有启示。日本民族注意学习他人，特别是注意将他人的东西消化改造为自己的，如蒙台梭利本土化、音乐律动本土化。他们对自己的好东西即具有民族特色的东西决不轻易放弃，如自然教育、传统玩具游戏、民族民间传统活动等都受到重视。应该将这些东西作为教育资源，探讨其作用：首先它有益于提高实效，如非专门化材料和自然简易的环境，可以引导儿童认识自己的社会环境，自己动手，激发创造性主动性，增强活动能力；其次，民族传统素材特别能够激发民族意识与精神，幼儿从中得到并非抽象的爱国主义教育，在生活与活动中认同并内化本民族的东西；再次，简易朴实自然的环境有益于良好风气的营造。

（资料来源：张燕，《儿童游戏的乐园——日本幼儿园教育特色及其带给我们的启示》，《教育科研》，2001年，节选）

教育从来不是一个人的事。《举全村之力》一书认为"家庭不是一个孤岛，养育孩子需要举全村之力；每一个人都有责任，接纳孩子的所有，永远不放弃孩子，我们就能重建一个世界。"幼儿园作为幼儿教育的社会机构，在儿童发展中担当着重要的角色，要与家庭合力，与社区共建，从孩子出发汇聚力量和资源，共同营造和谐美好的社区公共文化生活环境。

第五章　幼儿园、家庭和社区

幼儿进入幼儿园开始集体生活，并不意味着家庭教育作用的削弱，只是幼儿白天照顾者和活动场所的转移。家庭教育对孩子发展的影响是最重要的。幼儿的发展需要幼儿园与家长携手合作。幼儿园作为保教幼儿的社会机构，《幼儿园工作规程》中明确提出"幼儿园应主动与幼儿家庭配合，帮助家长创设良好的家庭教育环境，向家长宣传科学保育、教育幼儿的知识，共同担负教育幼儿的任务"。班级幼儿教师要充分重视家长工作，把家长工作放在保教工作同等重要的位置，要密切与家庭的联系沟通，多种形式开展家长工作，引导家长树立育儿信心，承担起育儿的主体责任，参与幼儿的成长过程，建立良好的亲子关系与和谐的家庭氛围，发挥教育合力的作用。

一、幼儿园与家庭的关系——家园共育，同向同步

保教幼儿和服务家长是幼儿园的两大基本功能。这两大功能从工业革命时期世界第一所托幼机构的建立到现在幼儿教育普及化发展始终没有变，尤其是在我国当下社会城市化进程中对于"双职工家庭""核心家庭"中幼儿园的托幼服务显得更加重要。现代家长工作忙、接送时间不便、经验不足等都需要幼儿园提供适宜的服务内容，实现家园共育，同向同步，共同促进幼儿成长。

家长是幼儿教师的教育合作伙伴

家庭是孩子生活的第一所学校，父母是孩子的第一任教师。孩子从出生的那一刻就开始在向父母学习，父母的一言一笑、一举一动都是幼儿学习的对象，从父母身上学习各种行为习惯、学习做事、学习与人交往，这些内容对幼儿一生的发展都将产生深远的影响。儿童是父母的影子。家长想要儿童成为什么样人，就得自己成为什么样的人，一个善良、优秀的人背后有一个温馨和谐充满爱的家，有着善良的父母。

幼儿阶段家庭的教育影响往往大于机构教育，家庭教育的作用怎么强调也不为过。家长与孩子的关系是基于血缘和亲情，家长与幼儿之间的交往频率更高，更为亲密，因而更易对幼儿产生影响；同时在长期的共同生活中，父母对幼儿的性格、特点了解比教师更深刻和全面；再有，家庭教育是在日常生活中展开的，可随时随地、潜移默化地教育影响孩子。相对而言，家庭教育具有的情感性、生活化、长期性、针对性和个性化等优势，这些都是幼儿园教育无法相比的。

虽然家庭教育具有独特优势，然而在现实生活中，家长往往意识不到自身的教育资源，对自己育儿信心不足，总认为教育孩子是

老师的责任，尤其是孩子入园后就放弃了自己的责任，认为教育是学校的事，过分地依赖专家观点。家长通常是依据自然法则承担教育者的责任，没有经过专门的培训，在儿童教育上不可避免的会出现各种问题，在教育观念和行为上往往存在一定的误区，如溺爱包办或者是期望过高、要求过严，重知识传授而轻习惯培养等。因此，幼儿教师作为专业人员，应当主动引导家长，帮助家长增强教育意识和能力，同时要关注家长面临的困难和需要，提供有针对性的意见建议，促进家庭教育的改进。家长工作中，重点是激发家长的教育主体意识、增强育儿信心。

幼儿园教师也要向家长学习。家长在养育孩子的过程中积累了经验，熟悉幼儿的天性，这有助于教师保教工作的开展与幼儿行为的指导。幼儿园的教育不是封闭的单方面的，需要家庭的合作、父母的参与；家长的教育意识也不是自发的，需要幼儿教师的激发与引导，双方沟通与合作，才能实现优势互补，形成促进幼儿健康成长的长效机制。

幼儿园教育和家庭教育在幼儿教育目标上是一致的，都是为了让幼儿身心得到健康快乐富有个性的成长。因此，幼儿园作为专业的教育机构，幼儿教师是对幼儿实施促进发展教育的主体，需要将家长工作与保教工作放在同等重要的位置，充分重视和做好家长工作，为家长提供育儿支持，使家庭与幼儿园在教育理念上达成共识，行为方式上配合协调，形成教育合力实现家园共育。

资料链接

父亲是孩子儿时最大的益智玩具

在绝大多数的中国式家庭里，父母都有一定的分工，母亲是生命的保护者，自然考虑更多的是孩子的饮食起居，是照顾孩子的使者。婴儿前期，母亲的绝对分量不可动摇，乳汁和温柔可以同时灌输给孩子，也是婴儿最早学习到的。母亲教会孩子什么是美，让一个女人来定义恐怕都是最恰当的人选。从细腻中，孩子也可以感受到母亲的关怀，爱的力量，这些是人最原始最实际的需要。

孩子在三岁以后，不仅能跑能跳，同时也越发想探索外界，这个时候父亲的介入，将孩子从每天吃喝拉撒的狭小范围扩展到了更大的领域。一个优秀的父亲，可以带给孩子不一样的体验，尤其对于小男孩，让孩子在爸爸身上爬来蹦去，爸爸悠着孩子的双臂，在空中做翻滚，惊险又刺激。随着孩子慢慢长大，爸爸带孩子可以去玩更有挑战性的游戏，让孩子感觉到原来除了母亲甜美的乳汁、温暖安全的胸膛，竟然还有如此的新奇和刺激。爸爸简直就是孩子眼里的大个头"游戏机"，一个变化无穷的免费大玩具，是另一种快乐的创造者。

游戏，是儿童们不可或缺的成长必须。在游戏中，孩子可以不仅感受力量、提高胆量；同时在与其他小朋友的游戏中，更是一种人际关系的简单雏形，而这恰是父亲的强项。当危险并没有妈妈说的那么邪乎时，父亲就成为了挑战勇气的奠基人。妈妈说滑梯太高，宝宝别上；爸爸说我在下面接着你，孩子战战兢兢通过尝试，战胜了自己。

一位父亲的优秀，一定是有位母亲的功能衬托着，妈妈是在父亲带孩子玩完后，在家做一顿甜美的大餐，一个温暖的澡盆子也许就是给孩子疯玩而带回来满身泥土和灰尘的最好礼物，如果没有母亲对于生命原始的保护，又怎么可以让父亲有时让孩子"胡作非为"呢？看到日本锻炼4岁的小孩外出购物，俄罗斯从幼儿园孩子就开始训练冬天赤裸上身在雪地里跑步进行耐寒训练，我觉得中国的父亲还需要不断突破和挑战自己。

母亲是生命的守护者，而父亲则是创造者，可以给孩子带来创造力和让生命更有活力。"不能去这，不能干那"是妈妈挂在嘴边最多的话，妈妈在为孩子生命负责的同时也束缚了孩子对自我的挑战，而爸爸则不会给孩子那么多限制，鼓励他去做好，危险面前有爸爸在呢，所以父母的角色区分恰恰造就成就了完整的孩子，教育孩子是父母的合力！

（引自尼奇窝窝的新浪博客）

家长工作的任务

园所家长工作的目的是与家长建立相互理解、相互信任关系，并在此基础上为家长提供育儿支援，引导家长树立正确的教育观念，提高家长的教育意识和信心，唤起其作为"孩子的第一任教师"的责任感，从而把机构教育和家庭教育结合起来，使教育能够延伸到家庭之中，实现一致性教育，共同促进幼儿身心全面和谐发展。幼儿园的发展离不开家长的支持与配合，幼儿园通过各种形式的家长工作，增进家长对幼儿园的了解，积极参与幼儿园活动，从原来的被动邀请进入幼儿园到逐渐成为幼儿园的一员，具有主人翁意识，为幼儿园的发展出谋划策。

幼儿园家长工作的具体任务主要包括以下内容。

1. 开展经常性的、多种形式的联系沟通，走近家长和家庭，尽可能了解每一个幼儿及其成长环境，与此同时促进双向理解。

2. 采用多种方式鼓励家长参与幼儿园的各项活动，增进家长对幼儿及幼儿园的了解，实现家园教育思想和行为的一致，实施同步教育。

3. 加强组织引导，挖掘家长资源；创设发展平台，如家长助理教师、玩教具自制等，鼓励家长参与，在参与中唤起家长的教育意识和教育信心，提高科学育儿的能力，承担起儿童教育的责任。家长参与儿童成长与教育的过程就是学习的过程。

4. 向家长宣传教育理念，引导家长形成正确的教育观念和行为，协助家长创设良好的家庭教育氛围。

5. 争取家长智力、人力、物力的支持，扩大幼儿园教育资源，促进幼儿园的发展。

家长工作的原则

1. 尊重信任，以诚相待

家长是幼儿园的合作伙伴，双方关系应建立在尊重信任的基础上，而不是居高临下的教育者和被教育者的关系。一些教师在做家长工作时，往往是单方面的沟通，以当然的教育者自居对家长发号施令，如不断向家长提出要求，或者是因幼儿的表现来指责家长。实践中，常有教师提出家长工作难，家长会没人参加。实际上，要想赢得家长的参与与合作，首先要尊重与信任家长，站在家长的角度设身处地的理解他们，教师在与家长互动中要多一些情感的联系，用诚意和行动换取家长的真心，从而拉近距离建立彼此信任的关系。

2. 平等互动，相互学习

幼儿园教师与家长，双方的身份应是平等的教育合作者的关系，要相互沟通交流，相互学习启发。教师要认识到，每一位家长都是园所的教育服务对象，不论其职业状况、家庭条件都应得到平等的对待，而不能厚此薄彼。尤其是对待弱势群体的家长，如幼儿身体有缺陷、家庭经济条件不好、农民工家庭等应该给予更多的关照和支持。教师应注意与每一位家长沟通联系，了解他们各自的特点，注意学习他们身上的长处。在很多情况下，家长往往比还未生养孩子的教师更富于育儿经验，所以应虚心向家长请教。已经做了妈妈的老师具有双重身份有益于走进家长，现身说法以身为范。

3. 内容广泛，重点突出

家长工作的内容涉及各个方面，各阶段重点有所不同。可以是幼儿的成长进步，可以是传染病预防，可以是社会信息分享等，特别是有关卫生保健方面，以及生活指导、生活化教育和幼儿行为习惯的养成教育，更需要双方密切联系配合。教师要了解家长最迫切的教育需求，关注家庭教育面临的问题及误区，做到心中有数，以便有重点有针对性地开展家长工作。

4. 赋权增能，挖掘潜力

教育没有绝对的权威，只有适合的才是最好的。"好妈妈胜过好老师"，每一位父母都有可能是天生的教师。家长身上潜藏着丰富的育儿实践，天天和自己的孩子生活在一起，了解他们的特点、喜好，有着独特的育儿经验；家长具备丰富的教育资源，如童年玩过的传统游戏、掌握的民间技能、拥有的乡土民俗文化等。要相信家长有能力教育好自己的孩子。幼儿教师要善于挖掘家长的教育潜能，赋权增能，让家长意识到自己的教育能力，建立教育信心，更好地承担起"孩子的第一任老师"的责任。

5. 整合资源，共同育儿

个体的力量是有限的，众人拾柴火焰高。幼儿园作为育儿交流平台和社区文化中心，可以通过一些适宜活动和措施，把家长的力量凝聚起来，为孩子的教育问题想办法、为幼儿园的发展献计献策、为社区的发展贡献力量，人人参与，人人奉献，发挥教育的合力，共享教育的成果。

总之，在家长工作中幼儿教师是一个合作者，需要拉动家长的参与，与家长一起讨论育儿方法，引导家长的教育观念；帮助家长在参与活动中增强对孩子的认识与理解，在交流分享中学习育儿经验，不断提高育儿能力；通过教师的动员、组织和协调，让家长的力量汇聚起来，在幼儿园这个育儿平台相互学习，在平等交流分享中认识和发现自我的能力，成为有信心、有能力的家长。

家长工作的主要形式

幼儿园应该树立开放教育的理念，为家长了解幼儿在园生活活动、理解园所教育理念、参与幼儿园项活动提供机会。应将家长工作列入园所管理议事日程，作为每学期工作计划的重要组成部分。不同班级、不同时段，家长工作的任务有所不同，需明确各阶段家长工作的内容与重点。幼儿园要定期总结园所家长工作的经验，将实践中一切行之有效的家长工作形式常态化、规范化，形成本园家长工作的模式。

每个幼儿园的具体情况不一样，家长工作的形式也是多种多样不拘一格的，以下介绍的几种形式仅供参考还可以结合本园的实际情况和教师特点创新家长工作的具体形式。当然，家长工作无论采取何种形式都是为了更好地取得实际效果，因此切忌徒有形式。

1. 日常沟通

教师可以每天利用接送孩子的时间与家长沟通，了解幼儿在家的情况；或者是利用自己与家长同村或是邻居等便利条件，和家长拉拉家常，生活上相互帮助。这是一种很有人情味的沟通方式，有利于增进家长与老师、幼儿与教师的感情，发挥邻里互助的作用。

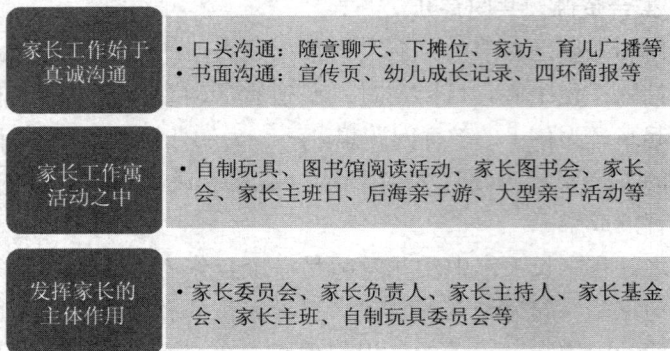

家长工作始于真诚沟通	• 口头沟通：随意聊天、下摊位、家访、育儿广播等 • 书面沟通：宣传页、幼儿成长记录、四环简报等
家长工作寓活动之中	• 自制玩具、图书馆阅读活动、家长图书会、家长会、家长主班日、后海亲子游、大型亲子活动等
发挥家长的主体作用	• 家长委员会、家长负责人、家长主持人、家长基金会、家长主班、自制玩具委员会等

图 5-1　幼儿园家长工作模式实例

日常沟通的内容主要如下。

(1)和家长聊聊他们的生活和经历，嘘寒问暖，尽可能地去理解他们。

(2)介绍当日活动及孩子的情况，提供家庭中可以开展的教育活动的建议，增进亲子互动。

(3)针对近期家长提出的育儿问题或困惑，进行教育咨询，并为家长提供有针对性的应对方案。

(4)挖掘家长自身的教育智慧，促进家长之间分享、交流育儿的经验与困惑。

(5)及时分享最新的与当地居民或者农村人口及其子女有关的教育、医疗、公共服务等社会信息。

(6)介绍一些生活保健常识，例如怎么让孩子退烧、怎么防治冻疮等。

2. 家长园地、育儿广播、宣传页

幼儿园可利用教室外面的墙壁做家长园地，公布幼儿园的教育活动，介绍科学育儿的信息，方便家长和社区居民阅读及学习。家长园地的内容要注重实效性和针对性，并定期更换。

在条件允许的情况下，教师可定期制作育儿宣传页发放给家长阅读，向家长提供一些育儿的资料，教育服务信息等，并把教育延伸到家庭中。

制作家长园地或宣传页的注意事项如下。

(1)语言通俗易懂，浅显生动，以朋友的口吻和家长进行交流。

(2)内容生活化、有针对性，是家长需要的。

(3)篇幅短小精练，方便家长阅读。

(4)宣传页上有组织的名称、标志和口号。

村上或者学校如有广播，可以每天放学时教师播放广播，介绍当天活动的主要内容、最近需要注意的事项等。育儿广播能高效快捷地把育儿信息传播给家长，这对于文化程度不高的家长更具有意义，也能辐射到其他居民。

四环游戏小组宣传页

丘老师 & 丁老师　　　李思涵家 & 伊厚铭家　　　2015/7/10 周五

今日活动速递：

爸爸妈妈们，今天我们进行了一寸虫阅读与趣味测量活动，你们猜我表现的怎么样啊，我又知道了好多一寸的小虫子，好开心啊?

走迷宫

折一折：

睡前十分钟：《谁的嘴巴大》

小老鼠吞下一粒红枣，很得意。它昂起头、竖起尾巴哼起小调："小老鼠嘴巴大，一口吞下大红枣!"

小白猫听见了，气冲冲地跑来，对老鼠张大嘴巴："吵什么吵！你能吞下大红枣有什么稀奇，我能一口吞下你，你看谁的嘴巴大？"

"啊！"老鼠惊叫声逃走了。

白猫得意起来。它弓起背，转着脑袋哼起了小调："小白猫嘴巴大，吓得老鼠逃回家！"

大黄狗听见了，跑来对着白猫用力张大嘴巴叫："吵什么吵！你吞下个老鼠有什么稀奇，我能吞下你，你看谁的嘴巴大？"

"啊！"小白猫惊叫一声，吓得跳上一座房子的屋顶。

黄狗吓退白猫，自己也得意了。他翘着尾巴、摆动屁股哼起小调："大黄狗嘴巴大，吓得白猫跳上房！"

不料大老虎赶来了，他对着黄狗张大嘴巴吼："得意什么，小小的黄狗，你看看谁的嘴巴大？"

"啊！你大你大！"黄狗吓一大跳，夹紧尾巴赶紧逃走了。

大老虎吓退黄狗，很得意，一路走一路哼："嘴巴大，嘴巴大，老虎嘴巴第一大！"

河里有几个河马在聊天，有一个小河马听着无聊正好打个哈欠。

老虎吓得赶紧走开了："啊！河马才是陆地上的第一大嘴巴呢！"

我们的口号：爱心 自立 分享 共建

图 5-2 四环游戏小组宣传页

3. 家访

每个学期，幼儿教师应根据"老生随访，新生必访"的原则进行家访，走近家长。平时接送时间与家长的沟通，往往比较仓促而不够深入，有必要通过家访对孩子生活的环境、家长的教育态度和育儿行为方式进行比较深入的了解，了解家长面临的育儿困惑。深入家访，有利于帮助教师从家长的视角来理解孩子的行为，以便进一步沟通和考虑有针对性的教育策略。

家访的注意事项如下。

(1)家访前，明确哪些信息是要反馈给家长的？想从家长那里获得哪些信息？有没有什么特殊的事情需要和家长沟通的。

(2)访谈中，用心倾听家长的声音，看看家长有哪些育儿经验、建议、困惑，看看家长对组织活动有哪些看法等。

（3）访谈后，及时整理资料，对家长提出的一些问题要尽可能给予反馈。

4. 家长会

家长会是幼儿园与家长沟通的最普遍的方式。幼儿园需要认真地策划，可以采用全园或班级等形式向家长汇报幼儿园阶段性的工作情况，提出家园配合的注意事项及要求，征求家长的意见建议，从而使家长了解幼儿园的各项活动和幼儿的发展情况，增进家长对幼儿园工作的了解、理解与支持。

家长会是集体形式的家长工作，不仅提供了家长交流互动的平台，还能够为家长提供相互认识、相互帮助的机会。在家长之间可交流与分享育儿经验，增进育儿信心和理念。比如，有的家长认为送孩子来幼儿园就是写字和数数的，有的家长教育孩子"别人打你，你就打他"，这样的教育观念会对孩子发展造成不好的影响，通过在家长会上进行讨论，澄清认识如"幼儿园是干什么的""哪些教育内容对学前儿童有价值""伙伴冲突怎么来处理对孩子是有帮助的"。家长有的会撰写孩子成长的日志，可以拿来分享，现身说法，推动更多家长参与孩子的教育过程。家长会有助于家长之间建立密切的联系，邻里守望互助，进而在教师和家长之间搭建桥梁形成育儿共同体，共同守护孩子们的童年。

开家长会的注意事项如下。

（1）家长会的召开要建立在与家长日常沟通，建立情感关系的基础之上；开会之前动员家长，收集家长的意见，为开家长会做好必要的准备工作。

（2）家长会要注意发挥家长的主体性，如有些环节和讨论的主题可以由家长提议或是自主确定，赋权增能，教师起引导作用。也可以每次由一名家长与教师共同主持。

（3）把握家长会的环节，事先可以开展热身游戏（如舞龙、抽陀螺、踢毽子等）活跃气氛，增进家长间的熟悉程度，然后进入主题。

（4）家长会中讨论的话题会很多，要注意把握重点和方向，如介绍幼儿的发展情况，集体讨论家长普遍遇到的问题，利用家长群体的力量，相互启发、借鉴，寻求适宜的解决问题的办法等。

（5）家长会中，可以结合实际需要和问题开展一些简单的培训，从操作性的活动开始，如折纸、剪纸、玩具制作等，这些即学即会的技能，家长可以回家和幼儿一起做，增加亲子活动的趣味性；然后逐渐进入到育儿方法的讨论与分享，如"孩子爱看电视怎么办"，这种生活中经常遇到的问题，家长现身说法，分享经验会比教师说话更管用；再深入到教育理论方面的讨论，比如就"什么样的教育对幼儿是好的"等问题进行讨论。

（6）家长会"以幼儿为中心"，同时也要关注家长的需要，可以讨论分享与家长相关的社会信息，可以开展一些适合家长的文娱活动。利用家长会增进家长之间的认识和了解，建立积极的互动关系，丰富家长的文化生活。

5. 家长志愿者

家长志愿者是一种有效的家长工作形式。邀请家长参与幼儿园的活动，承担助教的责任，有助于家长认识幼儿的发展特点，观摩教师的活动组织，激发家长的教育意识和能力，将教育延伸到家庭中；对园所而言吸收家长资源，让有意愿和时间的家长参加到班级中，可缓解班级教师人员不足；还能够增进家长与教师之间的相互理解，真正成为幼儿教育的合作伙伴。幼儿园以班级为单位，家长每周或每月匀出半天时间轮流来幼儿园参加活动，担任辅助教师，是可行的。

家长助教工作要点如下。

（1）先要了解家长的职业、特长、性格、籍贯等基本信息，在组织家长助教时才能有的放矢，让适合的人做适合的事情，有助于家长的参与积极性，也增进幼儿与家长的亲情。

（2）家长助教先从家长的优势方面入手，比如家长擅长讲故事、擅长玩游戏等，循序渐进进行，让家长进入到更多的活动中担任家长老师。

表 5-1　家长小时候玩过的游戏

这是我们收集的家长小时候玩过的游戏
黄文科的爸爸：抽陀螺、打弹珠、抖空竹
徐若彤的妈妈：跳皮筋、踢毽子、抬花轿
刘星博的爸爸：滚铁环、斗牛、折纸
李子涵的爸爸：拍片儿、方宝
贾默默的奶奶：老鹰捉小鸡、挑棍
……

(3)每一个家长有不同的特点，参与积极性也会有差异，先从积极参与班级活动的家长开始，在家长群体中树立典型，带动大家的参与。

(4)有的家长可能不积极，但是对于孩子来说，自己的爸爸或者妈妈来到班级当老师会很自豪。教师可以以孩子为桥梁，让幼儿邀请家长参与。

图 5-3　家长组织游戏　　　　图 5-4　家长讲故事

幼儿园家长志愿者排班制度示例

四环游戏小组家长排班制度

• 四环游戏小组是以家长为主要教育者的组织，家长是四环游戏小组成员。每位孩子参加活动，享受了教育服务，家长也有义务在游戏小组提供服务。来游戏小组家长每个月必须保证两到三个半天来现场组织孩子活动，并尽量参与去图书馆、出游等活动。

• 每户一份排班表，家长严格按照排班表主动参与，协助组织活动，如果有特殊情况排班当天不能来，要提前通过妈妈老师或家长负责人协调换班及缺班、补班。

• 值班家长来活动时，要先在家长考勤表上签名。在家长会上定期总结家长到岗情况。

• 值班家长来游戏小组组织活动，是以老师的身份参与游戏小组的活动，要注意自己的言行举止，给在场的孩子做好榜样示范。

• 值班家长要和当天主班老师沟通和交流，做好组织活动的准备，互相配合，共同开展活动。活动前开窗通风，整理活动材料，为孩子的活动做好场地和材料的准备。活动过程中与老师积极的交流，教育面向所有的孩子，确保孩子有序的活动。活动结束后打扫卫生，保持活动室的清洁，玩具和图书等物品要归类整理，关闭电源，锁好门窗。

• 活动结束后，值班家长要通知下一班的家长。

6. 大型活动暨家长开放日

大型活动是幼儿园常年例行的、相对有一定规模的教育活动。大型活动不同于幼儿园的常规活动，往往突破了班级的界限，增加了全园幼儿之间的互动，可以丰富幼儿的生活经验，培养幼儿喜爱集体生活的态度等。

同时，大型活动能吸引家长参与教育，密切家长与教师、家长与家长的联系，增强组织的凝聚力；能够为亲子间的交往搭建平台，有利于改善亲子关系；发挥幼儿园对家长及社区公众的影响，进而争取社区公众的关注和支持。一般来说，幼儿园的大型活动内容包括亲子游艺会、春游、六一亲子运动会、玩教具制作、亲子故事比赛、家长读书会、毕业典礼等。

组织大型活动的注意事项如下。

(1)幼儿园要尽可能保证每个月有一次大型活动，并纳入学期计划。

(2)大型活动的开展要与幼儿的日常活动相结合，考虑季节、节日、传统文化等因素的。比如，可开展春游、运动会、六一儿童节庆祝活动、新年游园会等，读书月时开展亲子讲故事比赛等。

（3）幼儿园需要把一些经典的、传统的活动固定下来，成为幼儿园的传统活动，一些受欢迎的项目也可以保留下来，变成幼儿园的特色项目。

（4）大型活动的开展需要各方面的配合协调，如幼儿园、家长、社区以及相关部门的支持，一定要动员大家广泛参与，尤其是家长，让家长从参与者逐渐成为活动的策划者、主持者，把幼儿园当成自己的家，发挥主人翁作用。

图 5-5　周年庆上爸爸们热情的舞龙　　图 5-6　运动上姐姐和我"拉大车"

7. 组建家长委员会

组建家长委员会可以发挥家长组织的力量，同时利用家长之间相互影响的作用，因而成为家长参与幼儿园教育和管理的一项行之有效的重要措施。家长委员会能够起到连接家长与幼儿园的桥梁的作用，带动家长参与和协助幼儿园的保教活动的开展，共同策划和管理幼儿园，传递幼儿园信息，反馈家长意见。同时，家长委员会也为家长提供了一个平等的育儿交流平台，分享教育经验，共同解决面临的问题或困难。此外，家长委员会也是幼儿园发展的智囊团，为幼儿园的发展提供建议，对幼儿园的教育和发展进行监督，促进幼儿园的发展。幼儿园要重视家长委员会的作用，可以以班级为单位组建家长委员会或是全园的家长委员会。

组建家长委员会的注意事项如下。

(1)家长委员会的成员由关心幼儿成长、热心教育、支持幼儿园工作、能力强的家长组成。可根据家长参与幼儿园的活动，如充当助理教师等的情况加以考虑和物色，推选积极、热心和有能力的家长加入。

(2)幼儿园要与家委会成员保持经常性的联系，定期召开家长委员会议，如每月或半月一次，让家委会成员了解并参与幼儿园各项规章制度制定及重大事项的商讨，定期监督幼儿园各方面工作，实现幼儿园管理的透明化和民主化。

(3)通过家委会成员的影响，带动其他家长积极参与幼儿园的各项工作，挖掘家长中的潜在资源和社区资源，综合社会各方面的力量，共同为幼儿园的发展、为幼儿的全面发展服务。如邀请有种植经验的家长组织幼儿的种植活动，鼓励家长参与幼儿园的图书修补、玩教具制作、组织游戏等活动，帮助幼儿园解决一些实际问题，如水管、房屋的基本修缮等。家长委员会还可以发挥化解矛盾、增进家园共识的作用，从而与幼儿园携手共进，推动社区教育文化建设。

幼儿园家长委员会章程示例

四环游戏小组家长委员会章程

家长委员会建立在家长大会基础上，是家长的自治组织。其成员有参与的自觉性和积极性，他们代表了广大家长的利益和需求，通过与其他志愿者教师代表协商讨论的形式来决策有关四环社区幼儿的保教事宜。

家长委员会职责

1.宣传游戏小组的宗旨理念，做好四环社区家长的思想工作。

2.发动、争取家长和社会各方力量关心支持和参与游戏小组的活动，比如动员菜市场家长、社区退休居民、有经验的老师参加到志愿者的行列中来。

3.沟通、协调志愿者与家长，家长与家长、家长与社区之间的关系，调解矛盾冲突。

4. 协助和支持志愿者教师作家长工作。

5. 协调与周边施工和商贩的关系，消除安全隐患，保证安全的活动场地。

6. 协调与市场管理处及社区的关系，为游戏小组创造适宜的条件、场地和房舍。

7. 定期组织家长大会，不定期组织家长交流会的活动，讨论交流教育孩子的相关问题。

8. 家长参与，可以有不同的方式：家长志愿者可以是定期轮流负责，比如来做"妈妈老师"组织活动；可以是不定期的、随机的，比如提供废旧材料，发挥家长特长，协助组织活动等各种参与方式。

9. 建立一份参加游戏小组的孩子和家长的名册。可以用表格的形式，包括以下内容：姓名、性别、年龄、家长姓名、从事职业、摊位、备注(一些相关信息)。必要时及时沟通建立联系。

10. 家委会成员定期召开会议，商讨幼儿的各项事宜。

11. 定期开展读书活动，互相学习，交流育儿经验和知识。

家长召集人

家长召集人都是从家长委员会中选出的具有感召力和影响力的代表，他们的主要职能是传达和宣传游戏小组和家长委员会的宗旨、精神和承担一些具体工作，做好家长间的联络人和协调者。比如在家长会之前，请家长召集人提前通知会议内容，家长召集人做发言准备，带动其他家长发表自己的观点。大型活动依靠家长召集人通知家长等。可以每月挑选不同的召集人轮流承担工作。

此外，幼儿园还可以根据实际情况，采用各种途径(比如家园联系手册、电话联系、家长学校等)开展家长工作，在实践中探索有效的形式。

总之，幼儿园要重视家长工作的开展，将家长工作的开展与日常教育活动相结合，灵活选择适宜的家长家长工作的形式，为家长提供适宜的育儿支援，挖掘家长的潜力和资源，激发家长参与育儿的积极性，实现家园合作、同步同向。

二、幼儿园与社区的关系

幼儿园与社区关系——双向服务，和谐发展

幼儿教育是社区生活的有机组成部分。幼儿园作为社区的一分子，既依托社区而生存发展，又服务于社区。作为教育服务组织或机构，幼儿园要解决社区幼儿入园需求，发挥文化传播的功能；社区是幼儿园的生存环境，社区特有的自然环境、经济文化、社会风气、民俗传统及生活方式也应成为幼儿园的教育资源，二者双向服务、相互促进，和谐发展。

1. 幼儿园与社区双向服务

幼儿教育是一种社区性的教育，托幼机构是根据社区的需要和条件而建立的，托幼机构建立起来是要服务于社区及社区内的家庭，除了满足其托幼需求，还需要发挥幼儿园作为教育机构的优势，向社区居民宣传和普及科学育儿知识，开放活动场地，关心并参与社区建设，发挥精神文明的辐射作用，履行应有的社会职责。同时，社区也可动员和协调各方面力量，举全社区之力发展幼儿教育事业，为幼儿园的发展提供物质条件和人力支持，增强与家庭、幼儿园的联系，发挥环境的整体功能，提高教育质量。幼儿园与社区双向互动、互惠互利，促进社区与幼儿园的同步发展。

2. 幼儿园要与所在社区环境和谐

幼儿园与社区二者守望互助、和谐共生，一方面幼儿园应需而生服务社区，另一方面幼儿园立足社区，要与社区环境、日常生活融为一体，使幼儿园建设和发展与所在社区和谐。我们经常远远地看到在那一片普通住宅区中有一栋像城堡一样鲜艳美丽的建筑便知那是幼儿园，走近一看更是让人惊叹，塑胶跑道、高档玩具、现代化设备，幼儿园的这些环境和布置和这个小区格格不入，与幼儿所处的家庭环境形成极大反差。

幼儿园是社区的一员，其园舍、设备条件要与周边社区相和谐，创设具有地方特色的托幼机构环境。园舍设备条件应能融于所在社区之中，与社区人们的生活和谐一致，因地制宜。一些地方幼儿园在建筑与设备提供上追求超豪华，这不仅与儿童发展不相干，而且与社区居民的现实生活、经济条件和周边环境形成极大反差，有可能至使幼儿形成消极的对人、对社会的价值观，影响其良好人格的形成。这种做法显然也有悖于幼儿教育机构作为文明辐射中心的应有形象。

应当提倡的做法是，有效利用当地乡土材料，因地制宜创设园所环境，有什么条件办什么事，使幼儿园具有地方特色并与社区生态和谐。例如，条件好、人口密度大的社区可以举办正规的幼儿园，农村或城乡交界处等经济发展相对薄弱的地区可以办简易幼儿园或非正规的幼儿教育，如"流动大篷车""游戏小组"，保证幼儿获得最基本的学龄前教育。

幼儿园社区工作的途径

1. 立足本位，服务社区

幼儿园的双重任务是保教幼儿和服务家长，只有把本职工作做好了，才能赢得社区的支持和信任，赢得自身的生存和发展。如园舍选址时考虑方便家长接送；在收费方面尽可能考虑社区家长的承受力；在园所开放时间上考虑家长的上下班时间，可以依据需要及园所的条件早上提前入园或者提供课后延时服务；对社区低幼儿童提供钟点看护服务，对有特殊需要的家长开展儿童个别化的指导等。完成好双重任务是幼儿园为社区服务的本分，家长们因而对社区生活能产生认同感和归属感。

2. 园所开放，资源共享

幼儿园的资源是专门适合于幼儿的教育资源，要取之于社区，用之于社区。幼儿园要充分利用本园教育资源，为社区居民与儿童提供更多教育和服务。如幼儿园的房舍、教育设施设备等可以对社区开放，开展玩具、图书借阅等活动，为社区内散居儿童及其家长提供一定的教育条件；幼儿园利用自身在教育上的优势开办家长学校、家教辅导班，指导散居幼儿家长的教育观念、方法，指导家庭良好教育环境的创设；在周日、晚间还可开展亲子活动，提供家长社会交往的机会，开展社区文娱体育活动为社区文化教育的开展创造条件，充分利用园所教育资源，可以更好地发挥社会效益，扩大学前教育的受益范围。

图 5-7　后海是我们的第二活动场地

3. 依托社区，挖掘潜力

幼儿园的发展要充分发挥社区资源的力量，争取广大家长及社区人力、物力、财力、智力的支持。如吸收社区人力资源，协助老师组织孩子们的活动；收集社区符合卫生和安全要求的废旧材料，作为幼儿园孩子们的活动材料；利用社区公共设施等环境条件，如村图书室、街心公园、

图 5-8　每周四图书馆的阅读活动

社区活动室与运动器械等，开展丰富多彩的活动；农村幼儿园更应利用广阔田野等得天独厚的自然环境条件。邀请家长和社区成员参与幼儿园管理，共同商讨规划幼儿园发展前景，对园所的工作进行监督和检查，并对幼儿园面临的问题的解决献计献策。

4. 履行职能，文化辐射

幼儿园教师作为专门的教育人员，担负着与社会公众分享对教育的看法传播正向的教育理念的责任。如在社区内组织讲座，培训家长，可以就"什么是好的教育"等问题与家长、社区公众展开交流讨论，进行信息传播与社会宣传的责任，引导社会公众，促使整个社区形成正确的教育价值观、质量观，确立"儿童优先"观念；又可对家长日常育儿中的疑难或问题予以咨询指导等，帮助家长掌握科学的育儿方法。同时也可以使幼儿教育得到更广泛的理解、支持，并创造好的家庭、教育、社会一体化的良好环境。

　　家庭、社区是影响儿童成长的重要环境，幼儿园作为专门的托幼教育组织机构，依托于社区开展育儿服务，要发挥幼儿园的主导主体作用，引导家庭教育，服务社区建设，营造有利于幼儿健康发展建设健康、和谐的环境。幼儿园通过提高人员素质和加强园风建设，以其良好的组织形象为社区成员作出示范，同时积极参与社区公共事务和公益活动，营造社区育儿共同体，与社区共同发展。

　　　　※　　　　　　※　　　　　　※　　　　　　※

实践运用

　　1. 收集幼儿园所在社区的基本资料：社区的活动场所、设施设备；社区居民的职业、来源地或家乡；社区的组织机构、单位企业；社区的生活方式、特色活动、特殊人物（如剪纸艺人）等信息。

　　2. 观摩其他园所或班级的一次家长会，讨论家长会的闪光点、存在问题、改进意见。

　　3. 总结你所在幼儿园或班级的家长工作，概况出幼儿园或班级家长工作的特点，便于新教师学习。

案例分析

案例1　引导家长正确的教育行为

　　有天早晨，李园长发现中二班的小品被姥姥送来幼儿园时情绪十分低落，于是就在户外活动时间和小品聊天，了解到原来早晨小品想喝橘汁，却不小心把杯子打破了，姥姥发现后十分生气，打了小品一顿。下午离园时，园长找到小品的姥姥，把小品今天情绪低落的情况告诉了姥姥，并耐心地向姥姥讲了幼儿的情绪对其行为和发展的影响，还用最通俗的道理向老人家讲明不能用体罚的方法来教育孩子。姥姥表示以后不会再随意打小品了，凡事要讲道理，用适当方式进行教育。

分析与思考

李园长是个有心人，她及时发现了幼儿园小朋友情绪的些微变化，并且及时询问了解情况、解决问题，以一件小事作为家园共育的突破点，既向幼儿家长宣讲了育儿知识，又争取了家长的配合。

在家园配合问题上，许多园长和老师认为和老人打交道非常困难，老人一般文化水平较低，受传统育儿观影响较深，一方面信奉"棍棒出孝子"，另一方面又容易溺爱孩子。有的老人不爱听幼儿园讲的科学育儿理论，或者是听不懂，或者是认为自己很有育儿经验，幼儿园讲的都是纸上谈兵，没有用。而现在年轻的父母由于事业的关系，往往把带孩子的任务委托给老人，这样幼儿园就面临着和隔代家长打交道的问题。

1. 请谈一谈您在和隔代家长打交道的过程中出现的问题或您处理这类问题的经验。

2. 您认为作为一名园长，关心每一个孩子和抓大问题是不是有矛盾？并简单论述。

案例编写/扎西措
分析整理/孙莉莉

（资料来源：张燕、邢利娅主编，《幼儿园管理案例及评析》，北京，北京师范大学出版社，2002：第234～235页）

案例2 面向散居儿童开放办园

北京市新街口高井幼儿园是一所街道园，在经费不足、生源偏低、生存条件极端恶劣的情况下，高井幼儿园响应区里开展社区教育的号召，面向散居儿童开放办园，成为区里开展社区学前教育的典型，使得该园的生源不断增加，社会声誉逐步提高。该园园长刘云向我们介绍了她的办园经验。

1997年，西城区号召区内幼儿园树立大教育观念，面向散居儿童开放办园。当时包括刘园长在内的很多人都认为入园的孩子都不一定能够管好，哪有时间和精力去管那些未入园的孩子。因为思想上没有转过弯来，对社区学前教育也始终抱有抵触情绪。通过区里多次组织学习，刘园长逐渐意识到：社区幼儿教育不仅能利用社区资源，让社区为幼儿园服务，而且幼儿园也可将自己的教育资源与社区共享，树立起幼儿园为社区服务的意识，使幼儿园与社区形成双向互动、互惠互利的关系。

　　思想观念转变了，刘园长将学到的理论融入实践，边实践边摸索。刚开始，他们的教育对象主要是散居儿童，利用双休日将园内的大型玩具向散居儿童开放，组织针对散居儿童的活动。但是在实践中，他们发现这种方式收效不大。对散居儿童教育的关键是施教于他们的家长，为散居儿童创设一个良好的教育环境。有了这一明确的目标之后，刘园长采取了几项措施：设立园外辅导员，由有经验、水平高的老师担当，园外辅导员每星期轮流下片讲课；对散居儿童的家庭教育情况做了调查，并对家教薄弱户进行入户指导；利用业余时间办起了《家教之窗》，免费为家长提供各种幼教刊物。刚开始很多家长不理解，总觉得教育孩子是自己的事，幼儿园这么热心是不是别有企图，因此对去辅导站听课不积极，对入户指导的教师不热情，对带孩子参加幼儿园组织的活动也没兴趣。但刘园长并不气馁，她充分发挥居委会的作用，建立例会制度，明确了幼儿园与居委会各自的分工职责。由于有了制度保障，居委会热心牵头，架起了幼儿园与散居儿童家庭沟通的桥梁，使宣传和教育家长的工作得以顺利开展。通过多方面的努力，家长听课的积极性提高了，带孩子参加活动的次数增多了。很多家长转变了以前错误的教育观念，懂得了科学育儿的理论与方法。社区教育不但影响教育了家长，而且也使幼儿园从中受益：由于吸纳散居儿童开放办园，提高了幼儿园的知名度，高井幼儿园的入托率明显上升，低龄幼儿的入园焦虑也大大减轻。

　　针对社区学前教育收到的良好的社会效益和经济效益，刘园长深有感触地说："幼儿园不能关起门来办，只有依托社区、开放办园，走幼儿教育社会化的道路，才会有前途。"

分析与思考

为家长服务、为社区服务是幼儿园的一个宗旨，也是幼儿教育社会化的必然要求。幼儿园作为社区幼教基地，不应仅仅只关注入园孩子的受教育情况，还担负着教育家长、教育社区内散居儿童的任务。本案例中，高井幼儿园依托社区、面向散居儿童开放办园，充分体现了园长开阔的办园思路和富有远见卓识的眼光。办社区教育要牵扯一定的时间和精力，自己本园的事情还顾不过来，哪有时间和精力去管社区内的散居儿童？但实际上，社区幼儿教育能够为幼儿园带来社会和经济双重效益，是使幼儿园和社区内的居民双收益的好事，刘园长正是在办社区教育的过程中一步步转变思想观念，变被动为主动，慢慢地带动起整个社区幼儿教育的发展。

思考：

1. 刘园长吸纳散居儿童的做法是受什么样的思想观念影响？对我们办好幼儿园有何借鉴意义？

2. 您对社区学前教育怎样看？针对您所在幼儿园的实际情况，谈一下您对开展社区学前教育的建议。

案例编评/张咏

（资料来源：张燕、邢利娅主编，《幼儿园管理案例及评析》，北京，北京师范大学出版社，2002：第243～244页）

拓展阅读

教育，从家庭开始
——朱永新在第五届新东方家庭教育高峰论坛上的演讲（节选）

一、家庭是最容易出错的地方

第一，家庭对人生来说非常重要，因为我们所有的人都是从家庭这个港湾出发的。人的一生，有四个最重要的场所：第一个就是在母亲的子宫里，通过母亲来感受外部世界的变化。可以说，家庭教育实际上从母亲的子宫里就开始了；第二个就是家庭。来到世界的第一声啼哭，这是人生的第一个独立宣言，这个时候他和外部世界的交流主要是通过家庭、父母来进行的；第三个就是教室。在教室里有没有亲密的人际关系？能不能健康成长？离开学校工作了，走进职场，这是人生的第四个场所。在职场里面要拼搏、要晋升，有很多事情要处理。但是，在职场里累了，回到家里还可以倾诉。所以，家庭是人生永远离不开的一个场所，是人生最重要、最温馨的一个港湾。人生从这里出发，人生将回到这里。

第二，童年的秘密还远远没有被发现。我们知道，在人类漫长的历史上，从来没有把儿童当人来看，包括到今天，我们依然很多人还没有把儿童当人来看。真正的发现儿童、把儿童当人来看待是从文艺复兴以后，开始尊重儿童，尊重人的地位。特别是自从有了《联合国儿童宪章》，规定我们必须要尊重儿童、爱护儿童。但是，有了儿童宪章，我们就真正把儿童当儿童了吗？也没有，更不要说把他当独立的人了。

托尔斯泰曾经说，孩子自出生到5岁的这段年龄期内，在他的智慧、情感、意志和性格诸方面从周围世界中所摄取的，要比他从5岁到一生终了所摄取的多许多倍。这个话很有意思，说明家庭教育的重要性，说明孩子在5岁前家庭教育的意义。

第三，家庭是真正的人诞生的摇篮。童年是人生最重要的时期，不是对未来生活的准备时期，而是真正的、光彩夺目的一段独特的、不可再现的生活。今天的孩子，将来会成为一个什么样的人，起决定作用的是他的童年如何度过，童年时期有谁携手带路，周围的世界哪些东西进入了他的头脑和心灵。人的性格、思维、语言都在学龄前和学龄初期形成，这是苏霍姆林斯基在《育人三部曲》中说的。

第四，家庭之路充满着无证驾驶的"司机"。没有驾照不能开车，违规要罚款。然而，做父母却不要任何培训，也不需要证就可以自行其道了。实际上，做父母比开车要复杂一百倍、一千倍。一个孩子的方方面面，从生理到心理到养育方式，从知识的学习到人格的养成，是一门大学问。但是，我们不需要接受任何培训就可以做父母，就可以对孩子发号施令了。如果一个国家这样的"司机"充斥在我们的国土上，这个国家一定是危险的。

第五，家庭教育方向的不一致使儿童无所适从。现在的家庭教育一个很大的问题和前面一个观点是有联系的，因为父母的教育观点不一样，父母和爷爷奶奶的也不一样，现在是一个孩子有一对父母，有爷爷奶奶、外公外婆，甚至于还有更年长的人，他们整个教育方向经常不一致。

二、父母是最容易犯错的老师

父母影响孩子一生的发展。法国教育家福禄贝尔说过：推动摇篮的手是推动地球的手。而现在社会普遍关注的焦点是学校教育，父母更多的考虑也是学校教育，忽视了他们自己才是真正的教育基础，才是决定孩子命运的关键。其实人的成年阶段最具挑战性、最复杂的工作，人类社会最重要的任务。

很多父母亲以为他们的事情就是让孩子吃好、穿好，身体健康，教育是学校的事情。事实上，无论孩子在哪里，总是离不开父母的影响和父母的教育，包括在餐桌上的每一句话，孩子都看在眼里，记在心里。父母不教育孩子，孩子会变坏；父母用错误的方法教育孩子，孩子则可能变得更坏。通常，优秀孩子成为优秀人才的背后，总能找到温馨和谐家庭的影子；同样，一个人形成不健全的人格，也可从其家庭中找到充满冲突和矛盾的因素。

因为大部分父母都没有接受过科学的训练、科学的育儿知识的培训，所以他们很容易犯错。

父母易犯的错误之一：望子成龙的过高期望值。所有的孩子来到这个世界上都有他存在的理由，所有的孩子都是不一样的。然而，现在我们的教育用同一个标准，即哈佛的标准、北大的标准，以及分数的标准，这个方向就错了。应该让孩子成为他自己，只有成为他自己，才能生活得幸福，潜能才能得到发挥。

父母易犯的错误之二：重智轻德的功利化。现在，我们是一卷遮百丑。只要考试分数好，家里的奖励就来了，甚至告诉孩子不要把自己的学习方法教给其他的孩子。这样，孩子渐渐地变得越来越自私，越来越只关注自己，甚至对家人都不关注。这样的孩子能走多远呢？如果教育不关注人的品格发展，这样的教育肯定走不远。

父母易犯的错误之三：宠爱或冷漠的两种极端。一种是过度宠爱、过度关心、过度照顾，造成了很多长不大的孩子。前不久我还看到一位寄宿中学生，每个星期寄一个脏衣服邮包回家，或者说爸爸妈妈两个星期到学校来一趟，做一次保姆。另一种则是极其冷漠，对孩子不闻不问。

好父母应该跟孩子一起成长。父母如何少犯、甚至不犯错误？苏霍姆林斯基说过：童年时代，一天犹如一年。要进入童年这个神秘之宫，就必须在某种程度上变成一个孩子。只有这样，孩子们才不会把您当成一个偶然闯进他们那个童话世界之门的人。

这句话其实也是说：培育孩子，是父母再次成长的一个过程。好父母不应把教育孩子当做是枯燥的责任和义务，而应该当做是自己人生的一种乐趣、一种享受、一种富足。只有享受教育的人，才能演绎教育的精彩。

三、阅读是最容易被忽视的事情

第一，一个人的精神发育史就是他的阅读史。很多人都以为身体成长了，精神自然就会成长，事实完全不是如此。对于每一个个体，精神的成长都需要重复他们祖先的故事，人类几千年伟大的思想和智慧在在最伟大的著作里面。当你不读它的时候，那些东西就是废纸；只有你读它的时候，你才能真正拥有它。阅读不能改变人生的长度，但是它可以改变人生的宽度和厚度；阅读不能改变我们的长相，但是可以改变我们的气质和品位。

第二，一个民族的精神境界取决于这个民族的阅读水平。阅读不是个体的行为，阅读和民族是有关系的。我们一直呼吁要建立阅读节，一个国家、一个民族的核心价值，包括党的十八大提出要建立社会主义核心价值体系，要建立共同的精神家园，从哪里来？从阅读中来。当一个民族拥有共同思想和财富的时候，才能真正形成共同的价值。

第三，把最美好的东西给最美丽的童年。我一直认为无论是家庭还是学校，应该成为会聚美好事物的中心，应该把最美好的东西给最美丽的童年。最美丽的东西是什么呢？当然是图书，阅读是最美好的事情。

第四，不做同一屋檐下的陌生人。不少家庭貌合神离，看起来住在一个屋檐下，吃的是一锅饭，但是精神上没有走到一起。共读一本书，就是创造并拥有共同的语言和密码。所以，阅读不仅仅是孩子的事情，只有亲子共读才能取得最好的成效。

第五，童书的价值远远没有被认识。人的一生都是围绕童年展开的。童年见识真、善、美越多，他心中的真、善、美越多，他就会成为真、善、美的人。那真、善、美在哪里呢？它就在童书里。人生前14年读的书，对人一生具有重要的影响，这是很多作家、心理学家都有充分认识的。

（资料来源：新东方网，2012年11月10日，有节选）

教师的专业成长是一种自我选择，是在充满灵动的师幼生命互动中发现孩子的闪光点，是在平淡的教育实践中发现自己的不足，是在简单的纸笔下记录每天的故事，是在用心感受教育的过程，在教育行动中坚守信念不断前行。正如李镇西所说："一个日子，一个孩子，就是教育。擦亮每一个日子，呵护每一个孩子，就是教育的全部。"

第六章　幼儿园教研工作

幼儿园是幼儿快乐成长的乐园，也是教师工作的场所，是教师专业成长的基地。幼儿教师的专业发展应成为自我成长的需要，每一个幼儿都是与众不同的，每一天的教育都充满惊喜挑战，教师只有在与幼儿生活的平淡日子里，用眼睛观察幼儿的动作行为，用耳朵倾听幼儿的心灵之声，用手记录幼儿的点滴生活，用心思考幼儿行为背后的原因，做一个有故事的人，才能每一天都充实饱满，才能不断增长职业的能力和智慧。

幼儿教师的专业成长是立足于园本实践的，是在职场工作中产生专业发展的需要和要求的，是通过做中学的途径实现自身的成长的。教师作为幼儿教育的主体和自我发展的主人，应将"参加业务学习和幼儿教育研究活动"作为职业习惯，在教育实践的具体场景中确定研究问题，在行动中研究，在研究中提高，不断反思和进行自我教育，不断提升自身的教育专业能力和素养。

一、幼儿园教研的主要内容和组织要点

幼儿园是教师工作的职场，幼儿园的发展依赖于教师队伍，教师的专业发展又以幼儿园为支撑和依托，两者互为条件，相互促进。幼儿园开展教研活动是保教管理必不可少的一部分重要内容，幼儿园有义务提供平台和机会，将园本教研与教师培训相结合，促进教师的专业成长。幼儿园教研活动一般根据保教实践中出现的问题确定研究主题，鼓励教师之间的合作，通过园本研究改进保教工作的质量效果，与此同时增进教师保育和教育幼儿的能力，促进幼儿园可持续发展。园所教研工作要立足于园本实际，以保教人员为主体，立足于岗位和需要，以实践中的问题为导向，发挥教师的积极能动性，采用观察、研讨、行动研究等多种方法，提高教师的能力，改进教育实践。

教研活动的主要内容

幼儿教师是多面手，身兼多重角色，工作繁杂琐碎，例如儿童的身体照顾、教育活动的组织、与家长的沟通等。因此，幼儿园的教研活动要围绕幼儿教师工作场景展开，内容是多方面的，既有教育实践的反思，也有教育理论的研讨、也可以是教师教学能力的培训、家园合作经验的分享等。

幼儿园教研活动以保教人员为主体，围绕保教人员的工作需求确定教研内容，可以从以下三个维度展开。

1. 教育实践教研

幼儿教育具有很强的实践性，对幼儿的理解、对教育的认识都是基于教育实践而逐渐深入的，要在教育实践中真正读懂儿童，理解教育。因此，教师的职业成长主要不是来自于书本，而是基于教育实践展开教研，在实践中发现问题，制定解决问题的行动方案，实施后再反思再调整，在这样一个不断螺旋上升地解决问题的过程中实现专业的成长。

具体来说，幼儿教师基于教育实践开展的教研可以有以下主题。

• 幼儿常规培养、一日生活组织、不适宜行为辅导、特殊儿童指导、安全事故处理。

• 游戏设计与指导、教学内容选择与组织、阅读活动的组织、艺术活动的表现。

• 班级环境创设、家园沟通、社区服务开展。

• 教师行为规范、教师教学技能、教师心理建设等。

2. 理论知识教研

教育实践需要理论的支撑，同时也要不断地总结教育实践提升到理论层面。幼儿园里每天都充满新奇，每一个孩子都会出现不同的表现，教师需要不断地观察与思考，不断地吸收他人思想的精华，融入自己的思考所得；借鉴他人的问题解决策略，解决教育中遇到的难题等。可以围绕幼儿教育相关的理论知识，组织幼儿园教师开展读书会，或者借助于教师团队的力量开展讨论，采用多样化的形式组织理论知识的学习。例如以下知识内容。

• 幼儿身心发展的年龄特点：幼儿的注意力、想象力、社会性的发展等。

• 幼儿卫生保健知识：幼儿常见疾病的预防、园所集体保健要点、幼儿身体健康等。

• 幼儿教师职业成长：教师职业认同、教师的行为规范、教师的心理调整等。

• 家庭教育方面的知识：家庭教育的重要性、家庭教育原则、家园差异及双方合作的方式等。

3. 政策文本教研

当代社会是法制社会，每一个公民都必须懂法守法。作为幼儿教师更加同样如此，需要遵守法律基本要求，保护幼儿的基本权利，维护自身的权益，教师可以集体围绕"儿童保护的法律""教育教学的文件""教师义务与权利"等展开教研。幼儿园也可以组织幼儿园教师学习有关国际儿童保护方面的文件或者其他国家相关的文本。

• 进行比较借鉴国内的政策文本：《3～6岁儿童学习与发展指南》《幼儿园教育指导纲要(试行)》《幼儿园管理条例》《幼儿园工作规程》等。

• 国际及他国政策文本：《儿童权利公约》《全美幼教协会的职业规范》等。

这些教研活动不论是实践的反思还是理论的研讨或是政策文本的学习，都离不开真实的教育实践的场景，要在幼儿园生活场景中，以幼儿园教师为研讨的主体，整合利用幼儿园的资源，采用多样化研修模式，拓宽知识面，理论联系实际提升教学实践能力和教学反思能力，促进教育质量的改进。

教研活动的组织要点

1. 教师是研究的主体

以往实践中有关教师培训的各种培训形式，常常是预设好的内容，参加培训的教师作为被动接受的学习者，培训的内容难以切合幼儿教师的需求，有的只是一时的新鲜，最后留给教师的只有名师印象。教研活动应该以幼儿教育一线教师作为教研活动的主人，他们围绕自己实践中的问题开展教研，记录教研和培训过程，这是一种自我参与和自我成长的过程，让自己的成长看得见。幼儿园组织教研活动要充分相信每一位教师有能力基于她的岗位开展研讨活动，发表观点和看法，可以先由园所经验丰富的教师带领开展教研，逐渐赋权增能，激发每一位教师参与教研活动的积极性，重视教师的自主性和发展需求。

2. 实践中的问题就是研究主题

首先，研究的问题来源于实践。幼儿教师在实践中会遇到各种各样的问题，比如过渡环节的组织、家长工作的深入、幼儿的行为习惯的培养等，这些问题都是值得研究的真问题，远比坐在象牙塔里找问题要有意义得多。其次，研究结果应服务于实践应用于实践。幼儿园组织教师基于实践中的问题开展研究，并将研究的结论在实践中运用，这样不断地螺旋上升，不断地面对和解决实践中遇到的问题，在这个过程中教师的教育行为也可得到改进，对幼儿的认识不断深入，更好地开展适宜的保教活动。这种基于实践中问题开展的教研活动才是具有研究价值的，才是真正充满生命力的。

3. 教师要把实践过程就作为研究过程

专家讲座培训等是外在的客观知识的灌输还往往不会给教师留下深刻的痕迹，只有经历过才能被感知和理解。教师专业在成长的过程就是教师在实践中发现问题，考虑设计解决问题的方案，调整和改变自己的实践，记录幼儿的反映和自己的发现，并将行之有效的结果付之于运用，进而再去发现新问题提出解决方案再付诸行动，因而行动的过程就是研究的过程，并且研究伴随着实践活动持续进行。幼儿园教研要注重引导教师把教育实践的过程就当做研究过程，以研究的态度对待日常的保教工作。而不是另搞一套，行动和研究成为互不相干的两张皮，教研成为了教师额外的负担。教师结合日常活动中的实际问题开展行动研究，可以推动问题不断地得到解决，提高教育质量和效果，以此同时教师教育的能力和研究能力也得到增强、提升。

4. 定期组织，提供资料

教研活动是园所为促进教师专业化发展而进行的培训工作，要保证其成效，就需要制度化，定期组织，而不是随意开展。例如每周或是每月开展一次，可以推举主持和记录人，主题确定的方法等。在教研过程中需要查阅相关文献，借鉴他人的教育经验，因而幼儿园应配备和提供一定的教育书籍、刊物和参考资料，创设相关条件便于教师学习和借鉴，另外还可以结合阅读开展教研活动，引导教师反思自己的教育实践。比较适合幼儿教师阅读的相关杂志有《幼儿教育》《早期教育》《学前教育》等。可以以园所为单位建立资料分享平台，实现教师群体之间的资源共享。

5. 明确计划，注重实效

幼儿教师的一日工作时间比较长、要求比较高，教研活动组织与材料的准备还需要利用教师额外的休息时间，因此幼儿园的教研活动的组织要纳入园所学期管理工作，与园所学期教育教学计划相结合，提高教研活动的效率；精心策划每一个活动，教研活动现场组织紧凑、讲究实效。教师的教育能力不同，教育困惑不同，幼儿园教研活动还可以分层次、分主题组织，精心策划、组织。

6. 学习团队的支持

个体的力量是有限的，要善于借助教育同伴、团队群体的力量。教师同伴群体就是重要的教育资源，每一位教师有各自的实践经验、在组织教育活动和对儿童认识、教育观点等方面有所差异且各有所长，可以相互启发借鉴，也可以作为幼儿园园本教研思想的来源。幼儿园管理者要积极营造团队学习的氛围，适应学习型组织，发挥教师之间作为教育资源的作用和教师团队的影响力。若幼儿园规模小，邻近的几个幼儿园之间可以建立经常化的联系，开展区域范围内园所之间的教研，互相交流和学习，使教研活动更为开放和有效。

教研活动计划实例

教师自我成长专题培训总计划

培训负责人：某位教师

培训协调人：幼儿园行政人员

培训目标：

1. 重新认识自我成长的内涵，产生自我成长的动力。

2. 尝试采用专业成长的不同形式促进自我发展，提高教育能力。

3. 满足年轻教师和骨干教师发展需求，解决他们自我成长中的问题。

4. 增强对组织的认同感和与组织共同发展的使命感。

培训准备：教师自我成长信息收集、相关阅读材料的准备、自我成长专题培训反馈表。

培训时间：

8月28日，全园教师自我成长专题培训的启动会（幼儿园负责人）

9月5日，幼儿园年轻教师建立班级常规的专题培训（××老师）

9月12日，全园教师自我成长途径研讨（××老师）

9月20日，幼儿园骨干教师科研课题的讨论（××老师）

教师自我成长专题培训(一)

主持人：××老师

一、成长是什么

(一)观看视频——日本幼儿教育的特点

(二)头脑风暴大家说——成长是什么

自我成长是什么？

(三)主持人总结：根据教师提出的观点总结

提示：

1. 由低到高就是成长；由感性到理性就是成长；由经验到理论就是成长；由低水平到高水平就是成长；由低成效到高成效就是成长。我们的培训没有专家，没有权威，大家可以大胆地批判，由迷信到批判就是成长。

2. 成长就是一个趋于完善不断发展的动态过程。成长跟成熟的区别是——成长是一个过程，就是自身不断变得更好更强更成熟的一个变化过程。而成熟则是一种结果一种状态。

3. 自我成长就是有自己主动成长的需要，从自我需求、内部动力产生的向上发展的过程。

二、我们从教这些年在哪方面成长

(一)谈谈我的成长

提示：专业理论；教育技能、教育自信、班级管理、园所管理的水平等

(二)游戏：画画自己的成长坐标

提示：将教育经历中重要时间点，重要事件、成长内容用坐标

轴画出来

三、我们是怎样成长的

(一)教师小组交流,每组总结教师的成长

(二)园长介绍园所的发展

(三)主持人总结

提示:总结成长的途径和内容。

概括成长的特质:遇到问题不是抱怨,而是积极寻求解决问题的方法!

四、成长的幸福

(一)说说我的成长故事(教师日记)

(二)看看他们的成长历程(拓展材料)

(三)园所本学前教师成长的支持计划

(四)主持人总结

提示:成长带来个体的改变,收获教育的幸福

成长带来机构的改变,凝聚组织的力量

成长是需要明确自己的目标、行动力、坚持、反思能力

五、填写培训反馈信息表

培训后练习:反思自己的成长过程,设计本学期自我成长的任务。

二、教研活动的适宜形式

撰写日志,反思实践

幼儿教师是教育工作的实践者。教师在每天与孩子的接触中会发生许多繁杂琐碎的小事,这些小事往往具有某种意义和价值,是教师真正理解幼儿理解教育的素材。"教育日志是伴随幼儿教师职业生涯的同行伴侣。"撰写教育日志把自己的教育实践经历记录下来,教师有必做有故事的老师,长此以往,就能够积累起丰富的教育经验并收获职业的快乐。教师如果能将撰写日志视为自己工作的一部

分，将日常生活中印象深刻的事件及时加以记录，每日或每周回顾自己的教育工作，包括工作中的困惑、喜悦、感动和收获等，结合孩子记录并加以思考，进行自我专业对话，把实践的过程就作为反思研究的过程，就能够更加清醒地意识到自己的行为及行为背后的思想，从而促进教育实践的改进和自身专业的成长。

1. 撰写教育日志的内容

幼儿教育的重要原则是"生活即教育"，这对教师的自我教育也是适用的。教师在一日生活中值得记录和反思的内容很多，主要可以从以下几方面进行。

（1）日常生活中的案例：教师在日常生活中经常与幼儿或家长互动，互动中一些小案例能够帮助教师理解幼的发展特点，为幼儿的发展提供有效的支持，因此教师可将这些日常生活中的事件以小故事的形式记录下来。

📚 教育日志示例

可爱的魏子博

吴爱英

今天早上，魏子博妈妈把他送来游戏小组就走了。户外做操的时候，他哭了说要找妈妈，然后就走到院子里，站在那儿哭。我过去，把他抱在怀里，然后对他说："魏子博别哭了，你就是我的大儿子。"我一说完这话，他看着我就笑了，摇摇头说："我不是!"但是他没有再哭了。

以前孩子们每次手工活动结束后，老师都习惯性地在作品上写上孩子的姓名。这几天，魏子博每次完成自己的作品，无论是折纸、剪纸、画画都让老师给写上"陈志绢"。"陈志绢"？我半天没听清楚，后来恍然大悟，是他在说他妈妈的名字。今天，丘老师在他的作品上写完他的名字后，他就说："帮我写上陈志绢。"丘老师也没听懂还要写什么，他又说了一次。我立刻明白了，走上去写上"陈志绢"。等她妈妈今天来接的时候，我们告诉魏子博："你妈妈来了。"他明明看见了，他还说："在哪呢？在哪呢？我什么也没看见？"逗得大人都笑了！

（引自四环游戏小组的博客）

（2）教育教学活动反思：教师在完成一次教育活动后，可对整个活动过程的设计与实施进行回顾和总结，对自己的教育理念、材料选择、目标设定、教学策略的运用、幼儿的反应等方面的经验和教训进行记录，为下一次活动的开展提供有益的经验。这既是对教育活动效果的分析，又是教学实践的理论升华，能够有效地促进教师教学能力的提高。

活动反思示例

爷爷为我打月饼
李芳华

开始一小小邮递员游戏，请了几个孩子玩过后，我说："刚才小朋友说的都是自己的老家，有山东、河北、福建、河南等，我们来自不同的地方，老家还有什么亲人啊？"邓昊宇说外公、外婆、爷爷、奶奶，王九赫说外公、外婆、三个大姨妈，郑可烁说爷爷、奶奶。小朋友有那么多的亲人在家，有爷爷、奶奶、外公、外婆、大姨……

"谁记得昨天上午丘老师给你们布置什么任务了？"邓昊宇说："画月亮。""为什么画月亮？"王九赫说："中秋节到了。"我说："是的。八月十五中秋节快到了，中秋节是个团圆的节日，李老师在家里的时候，到了这天会和好多好多的亲人，在一起过节，吃月饼，看月亮。我们现在在哪里，北京，那快过节了，我们应该给老家的亲人……"我还没说完，孩子们说："打电话。""是的，那说什么呢？""节日快乐！"郑可烁说。冀文洁说："中秋节快乐！"嗯，不错，郝晨翔说唱歌（好几个孩子都说）。

"我爷爷在家里还种田呢，我会说爷爷中秋节快乐，最近早晚冷，记得穿脱衣服。""孩子们最近早晚温差大，你们也要记得穿脱衣服，在中午时天气热，要把外套脱下来。我这里有一首儿歌《爷爷为我打月饼》你们学会了，打电话的时候可以唱给他们听。"我先放了一遍，由于大孩子多，这首歌大孩子都会唱，只有小不点不会，分组唱，丘、丁老师各带一队，（中间分开）男生、女生分组唱，来回唱了几次，大孩子清唱也会，歌词也很熟悉，第一排的小不点还要多练习。

（引自四环游戏小组的博客）

(3)幼儿成长个案：教师要提高活动的有效性，就必须全面地了解每一名幼儿的特点及其家庭教育情况。因此，教师可以平时记录孩子一些逸事趣闻，也可以结合家访，在持续性地观察幼儿的基础上，撰写幼儿个案，详细描述这名幼儿的变化，分析各种行为背后的原因，从而有针对性地和家长进行交流，探讨针对该幼儿的教育指导策略，家园一致，因材施教。

幼儿成长个案示例

爱涂色的李小树

丘连福

最近李小树很喜欢涂颜色，而且很喜欢涂小蜗牛的图片，现在他涂颜色有所进步了，但还是会把颜色涂到外面，手还不能完全控制蜡笔。要想不把色涂到外面，还得慢慢练习。现在李小树完全可以离开爸妈了，而且每次一进院子就会主动跟老师问好。早上，爸爸送他来，我问李小树爸："今天你送李小树来，是不是你来值班呀？"他说："是的。"我说："那你帮我看好大门。"他说："好的，我就在门口站着。"这时在一旁的李小树推着他的爸爸，嘴里还说着："爸爸你去值班吧，爸爸你去值班吧。"爸爸说："好的，我去值班。"昨天早上，李小树一来，他自己就主动去拿了一本故事书，来到我跟前让我给他讲故事，一个早上，他就坐在我跟前听我讲故事，有时听到开心的故事情节，他就会哈哈大笑。蒙氏收玩具时，他还在阅读室涂颜色。我之前跟浩宇一起用手绢折了糖果和小老鼠。我用手绢折好的小老鼠跟李小树说："李小树，现在要收玩具了。"李小树看到我手上的小老鼠，笑嘻嘻用很细声的声音跟小老鼠说："好的，我马上就收。"说完，他马上就把蜡笔和涂色收起来，脸上笑嘻嘻的。

（引自四环游戏小组的博客）

2. 撰写教育日志的注意事项

（1）实事求是：记录的内容一定是真实发生的事件，要及时地进行客观描述，不要为了完成任务而写，应能意识到具体事件的意义，注意分析和认识自身行为背后的教育观念。

（2）重点突出：撰写教育日志时要尽量突出重点，避免停留于表面和记流水账、罗列当日事项。

（3）客观分析：在对自己的教学活动和观察到的幼儿的行为进行分析时，要客观具体，并进行批判性反思，避免虚话、套话，尽可能地提出具有操作性的策略。

观摩活动，相互研习

观摩是幼儿园教研活动常见的形式。幼儿园组织园所内或相邻园所间的保教人员互相看活动、听课，并进行分析、交流和研讨，相互学习和促进。保教人员之间相互观摩活动，通过观摩研讨，找出其中的问题与优点，提出改进的措施，在帮助他人成长的同时也是自我学习的重要方式，要充分利用教师同伴之间的宝贵资源。幼儿园可根据日常工作的进展开展观摩活动，也可有针对性地进行专题观摩研讨。

观摩活动的注意事项如下。

（1）准备充分，明确目的：观摩活动前，要有充足的准备，明确目的，突出重点，要避免流于形式。

（2）积极思考，相互学习：观摩活动为教师提供了学习他人经验的机会，因此，在此类活动中应引导教师积极思考和研讨，共同探讨活动中的经验和需要改进之处，有助于增进研讨氛围，形成学习共同体，在相互学习的过程中实现共同专业成长。

（3）观摩后及时记录与总结：观看活动要及时将所见所闻记录下

来，自己的所思所想会随着时间而消退。教师成长是积累的过程，要注意及时记录与总结他人教育经验，并在自己的实践中创造性运用。

观察活动感悟示例

活动观摩后感悟

严俊红

（四环游戏小组的）教学活动是教师根据夏季蚊虫多、苍蝇多这一现象，引导幼儿讨论防蚊虫、减少苍蝇的方法，组织幼儿进行大扫除活动，清洁玩具和桌椅，孩子自发分成小组进行劳动，非常认真，玩具洗得干净，桌椅也擦得很干净。教育来源生活，运用于生活，看到四环游戏的妈妈老师都能领悟得这么深，运用得这么好，很是值得我们学习。

（引自四环游戏小组博客）

例会教研，沟通分享

教研没有那么高深，并不是只有专家才可以给予的指导。每一位教师都可以成为自己专业成长的主人，通过与教育同行者沟通、讨论日常的教育和保育活动，这也是一种教研的方式。例会研究是一种常态化的教研方式，一般由园所教师就近期（一周——两周）工作状况组织的讨论与交流，可以就一周活动进展进行日常沟通讨论并用教育活动计划对重点议题和突发事件进行专题讨论，以及社会性的交流分享。教师要善于与同行者沟通和交流，将自己近期的教育困惑、教育经验与大家分享，进行头脑风暴，观点的碰撞，相互学习和支持，激发这样的研讨学习更具有实效性和针对性。在幼儿园中，教师群体的研讨应该成为每周例行的活动。

例行研讨活动的注意事项如下。

（1）既然是例行研讨会，需要就教师的时间每周在固定的时间定期开展，持续地进行。教师的成长就在这种教育行动中坚守信念不断前行。

（2）例行研讨会应确定研讨会的一般讨论主题，比如"日常沟通、下周计划、玩具制作、读书与信息分享"等。

（3）提前准备，提高研讨会的组织效率，避免陷入日常琐碎事项的唠叨，浪费时间。研讨会之前要确定需要与大家沟通的事项主要有什么？教育困惑是什么？有没有需要与研讨的儿童案例等，避免做无效功。

（4）每一次例行研讨会都是一次相互交流与学习的机会，应设有研讨会的主持者和会议记录者，教师可以轮流担任。每次研讨会的资料及时发送给每一位教师学习，并且要存档成为幼儿园教师学习的重要资料和幼儿园园本的教研档案资料。

专题研讨，园本培训

专题研讨与例行研讨会不同，前者是在了解教师专业发展需求和困惑的基础上，从日常实践出发开展专题研讨与培训，可以发挥团队的力量，答疑解惑，能够更有针对性地促进教师的专业成长；而例行研讨会是基于固定时间内（一周）发生的教育事项、教育案例及下一周工作等进行的讨论与沟通。

1. 专题研讨与培训的内容

幼儿园专题研讨与培训涉及的内容非常广泛，包括幼儿教师日常实践中遇到的问题和困难、幼儿园日常保育及教育活动的所有方面，既可以是全园普遍性的问题，也可以针对某一问题进行深入研讨。

具体来说，可以重点考虑开展以下内容的专题研讨和培训。

（1）生活能力指导与常规培养，保教工作组织和实施，生活教育的贯彻。

（2）玩教具自制，传统游戏的开发，户外活动的组织，技能技巧培训，如折纸、剪纸。

（3）师幼关系的处理，幼儿不适宜行为的指导，家庭教育的指导。

（4）结合撰写的日志、阅读的图书，同行分享的案例来学习案例的写法，并理解幼儿的行为和自身的教育思想（见附录四幼儿教师阅读参考书目）。

（5）观看教育题材的影像资料，了解先进的教育理念和模式，反思自身的教育行为。

（6）教师生活会的开展，增加交流和分享，化解矛盾误差，增进同事之间的感情，增强组织的认同感凝聚力。

2. 专题研讨与培训的注意事项

（1）专题研讨与培训应选择适宜的内容，根据本园实际情况和教师真实需求及困惑，有针对性地选择内容，避免流于形式和给教师造成不必要的负担。

（2）在发掘每一位教师优势和潜能的前提下，充分发挥教师的自主性和主观能动性，鼓励教师积极地参与，使教师成为专题研讨和培训活动的主人，避免领导或专家"一言堂"。

（3）合理安排专题研讨与培训的时间，定期（如一个月一次）开展，并且选择教师合适的时间，避免过于频繁，额外增加教师的负担。

（4）注重活动后的延续和效果，将专题研讨与培训与教师的日常保教活动结合，落实在一日活动中，注重实效性，避免"一次性失效"。

专题研讨与培训示例

"幼儿与故事"培训详案

培训目标：

1. 启发老师们意识到故事对于幼儿的重要性，培训后结合自己的特点更好地将故事引入孩子的童年。

2. 认识绘本的特点与使用方式。

3. 引导老师们有意识地去选择好的图书。

4. 和老师们一起反思故事活动中容易出现的问题，想出对策。

5. 种子园相互分享开展故事活动的好经验，培训后将故事更好地贯穿于幼儿园一日活动中。

一、幼儿与故事

现场提问，教师们集体讨论。

1. 儿时给您印象最深的故事？（写出名字）

2. 用一个词来描述孩子听故事时候的状态。

3. 故事之于孩子是什么？

总结：只有会讲故事的孩子才会享受生活，才有丰富的想象力、对生活的感受力，才会内心柔软，发展成为一个健全的人。

思考：你觉得园里的孩子爱听故事吗？会讲故事吗？

4. 孩子为什么喜欢故事？

总结：故事是现实与幻想的结合，源于生活又高于生活，故事给孩子的幻想插上了翅膀，在故事里孩子能获得美好的体验。

5. 我们为什么要给孩子讲故事？

总结：成人为孩子讲故事是为了读懂孩子，走近孩子的内心世界，在这个过程中向孩子学习。

6. 成人的作用是什么？

总结：成人不是理所当然的教育者，而是应该向孩子学习。成人应该为孩子提供一个支持性的环境，被束缚的心灵是无法享受故事的。为孩子提供一个自由宽松的环境，让他们的天性得到释放，自然就会享受故事。

7. 故事活动在你们幼儿园都有哪些表现形式？

总结：成人口述的故事远远要比听音频故事或看动画片好，因为在你跟孩子讲故事的过程中有眼神等交流，这能够让孩子感觉到爱和安全。不要把孩子丢给动画片！

二、故事大比拼

第一组：《月亮的味道》

多人演出，扮演海龟、大象、长颈鹿、斑马、狮子、狐狸、猴子、老鼠、月亮等动物。突出各动物的特点，演出团结一起去够月亮那股劲儿。

第二组：《小猪奴尼》

无声表演，突出表情和动作，故事内容由旁白读出。5个角色：小猪奴尼、奴尼妈妈、羊姐姐、猫阿姨、牛婶婶。

三、经验分享和问题总结

1. 各幼儿园介绍园所故事活动开展情况。

幼儿园大约有多少册图书？一日活动中有稳定的故事环节吗？什么时间段？孩子们阅读兴趣是否养成？哪些图书比较受孩子喜欢？

2. 思考：每个班有没有专门的图书角？种子计划陆续发放的图书有没有投放？

3. 头脑风暴环节。

五分钟时间，每组自编一个小故事，然后讲给大家听。故事的时间不超过两分钟。

四、关于绘本

1. 互动：绘本是什么？

2. 你最喜欢的一本绘本是什么？为什么？（请老师分享）

3. 两个概念：故事与绘本。

故事：文学体裁的一种，侧重于事情过程的描述，强调情节跌宕起伏，从而阐发道理或者价值观。——一般定义

绘本：绘本是图文的结合，是各种文学形式和绘画艺术的载体。其中文学形式可以是故事，也可以是诗歌、散文、情景剧等；绘画形式也很丰富，儿童通过画面读懂绘本（做到极致就是无字书），这就突破了语言和文字对幼儿的限制，使早期阅读成为可能。——我的理解

绘本与故事的关系：绘本是故事的载体，故事可以用绘本的形式来呈现。好的绘本故事通常以画面来推动故事情节的发展，孩子通过画面来读懂故事。

4. 文本细读。

情感类《长大做个好爷爷》

人格类：《城里最漂亮的巨人》

认知类：《不可思议的小刀》

益智类：《数学游戏故事绘本》

文学类：《安的种子》

5. 思考与分享。

(1)你是怎样选择绘本的？

(2)你是怎样给孩子讲绘本的？

以老带新，传授经验

教师工作是需要一定时间的实践与经验的积累。刚刚毕业的学生进入幼儿教师岗位，会遇到各种不适应的问题，比如学校的理论知识并不能运用到教育实践中，一日生活组织的手忙脚乱，离开主班老师班级就成菜市场了。幼儿园对于新教师要给予更多的关心，帮助其顺利适应幼儿园教师工作，建立工作的自信心。幼儿园可以组织园所经验丰富的教师与新教师搭班，通过师徒制的形式培训新教师。师徒制这种传统的培训方式在托幼机构中具有较强的生命力。

新教师跟随经验丰富的教师，通过老教师的直接示范和言传身教，可以帮助青年教师熟悉保教工作，了解基本的保教常规要求，减少摸索过程，尽快适应工作环境，胜任教师工作。幼儿园在教师搭班中需要注意人员的合理安排，将新入职教师与经验丰富的教师搭配在一起传帮带，不仅便于新教师的学习，也使老教师的经验有用武之地。

拓展阅读，探寻真谛

教研活动的形式不一定都是说教的、枯燥的，它也可以是静静的、润物无声的。思想是行动的指南，教育在重视实践外，也需要外部经验和理论的支持。教育工作不同于其他职业，知识会更新、问题会变化，要求教师树立终身学习的理念，在阅读中更新教育理论，在阅读中寻找行动的依据和支持，让阅读成为教师的职业底线。教师阅读专业书籍进一步拓展、深入教育问题的认识，同时也需要非专业阅读，可以跳出教育看教育，用更宽阔的视野来洞悉教育的本源，这是一种跨界学习的能力。幼儿园的教研活动可以组织教师共读一本书，以读书会的形式开展教研，理论结合实践，探讨问题，形成对教育问题的共识。

在以阅读作为教研活动的形式时，要注意以下情况。

(1)阅读书籍的种类可以多样化，专业书籍、非专业书籍、杂志期刊、博客文章等，阅读的范围不宜仅限于教育领域，教育的问题往往是社会问题的反映，因而要扩大视野，扩展关注范围，不同领域之间是相通的，立足于宏观的社会背景，跨越知识的界限，换一种视角思考教育，跳出教育看教育，可能会令人豁然开朗。

例如，《江城》《和妈妈如影随形的日子》《小的是美好的》《寻路中国》《举全村之力》《三杯茶》《窗边的小豆豆》《不要因为走得太远而忘记了为什么出发》《看见》等。

(2)研讨前的阅读不能拖延时间太长，注意时效性，避免教师失去兴趣或者是遗忘。

(3)阅读是自由的，允许教师只看其中自己感兴趣的部分，可以不看完整本书。

(4)阅读要与实践相结合，从阅读中寻找教育的力量，要让阅读成为教师的一种生活常态。

读后感示例

反思自己的教育
巩月英

学习了张雪门先生《论幼稚园行为课程》，结合自己的实践工作，我有很多的收获：张雪门先生的教育理念与我们现在实施的《幼儿园教育指导纲要(试行)》(以下简称《纲要》)的精神是符合的，能够帮助我们更好地领悟《纲要》精神，如："要求教师对于实际的偶发事项，随时变化，随时活用，以适应儿童的需要，满足儿童的兴趣，实在比死板地照着所定的大纲去教授好得多了"，符合《纲要》中对教师如何成为幼儿学习活动的支持者、合作者、引导者的要求；"自然界和人事界应常相联络，如果分得太清楚太有系统了，反不能引起儿童的反应"，符合《纲要》倡导的整合理念等。还有张雪门先生倡导的"行是知之始，知是行之成""在劳力上劳心"等都给我留下了很深的印象，同时也使我产生了进一步的思考。

一、适合的才是最好的——本土化

燕窝鱼翅在我们认为都是些很有营养的东西，但是它们不一定适合每个人食用，也不一定适合每一个人的口味。在张雪门先生看来：课程是有选择的经验，是有价值的经验，"是适应生长基本价值的选择，随时代而变迁"。

在我们身边的许多幼儿园为了某种利益开设了诸如蒙式教育班、英语班等。许多家长也在为孩子的将来谋划，在孩子还在大班的时候，就已经结束了孩子双休日的权利奔波于各种培训班。但这些是不是孩子们需要的呢？我们这些成年人没有思考过。

在从我们幼儿园的角度出发去思考，我们经常去一些姊妹园参观，看见人家哪里做得好，不加任何思考地直接就搬运过来，殊不知这些对自己的园所、教师本身、自己的孩子……是否合适呢。今天我们去机关幼儿园参观了他们的美术活动室：环境、材料、孩子们精美的作品都让我们折服。但同时我们也在思考，这些我们能够照搬吗？答案当然是不能的。我们寻找的是适合我们农村幼儿园的美术特色。许多需要购买的活动材料，比如各种泥、各种脸谱坯子，我们可以不去花冤枉钱，也学习"四环游戏小组"那样自制和收集一些废旧的材料，同样可以培养幼儿同样的能力，而且还是孩子们生活中的东西。如玉米须、高粱秆、松塔……

二、亲身经历才能理解——行动化

听别人说一遍，也许就忘了；拿笔写下来，也许就记住了；真正做一遍，体验了，才能理解。参加工作室以来，张老师一直在引导我们认识行动研究，读了《四环游戏小组的故事》，仿佛看到了志愿者老师们在行动研究的现场，并且四环游戏小组也为这些志愿者们提供了理论转为时间的机会。这就好比在课堂上，老师教给我们许多的理论知识，许多与家长沟通的技巧，但是我们真正遇到问题的时候，我们还是会紧张、手足无措。对于孩子们成长也是这样的。一直以来，我在大班的机会比较多，面对家长想让老师教知识的区，我们一直也没能解决。但是一次活动却改变了许多家长的看法，也帮助孩子们得到了发展。那是秋天的时候，看着满园的石榴树和山里红树结满的果实，孩子们都会多看上几眼，为了满足孩子们的食欲，并且使孩子们得到发展，于是我们开展了一系列的活动：写生"画石榴"（山里红树）——用手去摸树干，感知它的粗糙；做计划（怎样够石榴）——调动幼儿体验的兴趣和原有经验；实践活动（亲自去够石榴）——孩子们准备自己计划使用的工具，亲自去体验够石榴；分石榴（山里红）——在过程中体验分享的快乐，并且学习数数的技巧（石榴大可以一个或两个两个地数着去分，山里红小可以五个五个的数，也可以拔堆用目测多少去分），在亲身体验中，孩子们在身体上、知识上、技能上、交往上、态度上、情感上都得到了发展，这远比在课堂上我们一遍遍地引导孩子学习数数，引导他们要学会分享强得多。

三、从孩子们生活中选择教育内容——生活化

课程必须和儿童眼前的生活融合为一体，行为课程应完全根据于生活，从生活中来，从生活中开展，也从生活中结束；也就是孩子们从来没见过雪是什么样子，你非要让孩子们谈下雪的感受一样。这就如我们在幼儿园开展的区域活动，就是社会活动的缩影一样，孩子们最喜欢的就是每天的区域活动，理发师、厨师、建筑师、时装模特等，每天他们都在做这样的游戏却不厌烦，为什么？因为这些都来源于他们的生活，在这些游戏中，他们的经验会逐渐丰富起来。就像《小人国》中南德和辰辰在玩娃娃家时的一段对话："我去看房子去，我要九点才能回来，我要出差，也许下周一才能回来，也许我回来就死了，你要把我埋葬了，我上天堂了……"这些话语虽然现实孩子们还沉浸在童话之中，但是完全是我们的实际生活。所以在我们为孩子们考虑最近发展区，选择学习内容的时候，一定要选择贴近孩子实际生活的内容。

对张雪门先生的行为课程有了粗略认识的同时，我也在反思我

们自己的专业成长之路，从先生的理论中我又有了什么收获呢？

其一是要做个勤于反思的教师。曾听窦桂梅老师讲过这样一个故事：一位工作了25年的老教师面临着下岗，老教师心里很不服气，找到校长责问："为什么下岗的是我，我工作了25年，没有功劳还有苦劳呢?"校长说："是呀，你工作了25年，无非是在重复上班第一天的工作，其实你就等于工作了一天呀?"这就是先生所说的"只劳力而不劳心"。其实工作中许多教师就就业业，但教学业绩却平平，汗水与成果不成正比，主要原因是她们靠自身原有的知识经验进行教学，知识不更新，方法不改进，又不善于反思总结，因此年复一年、日复一日、在自我的圈子里循环。其时，我们每天都在实践着具体丰富、生动的教育活动，有很多的感受和经验，如果我们也像张雪门先生那样做个有心人，抓住问题、找准切入点进行研究，或向书本学习，或向他人学习。珍视一下自己，在自己的经历中提取有价值的东西。写一点教学反思，与心灵对话，做个主体的人，学会从自己的经历中学习，敢于挑战自己，主动澄清和质疑自己长期以来赖以生存的教学观念和教学信念。通过对自己教育教学活动的反思，让自己在教育实践中不断地思考、审视、反省、判断、分析、概括、总结，不断地调整教育教学实践过程，更加自觉地规范自己的教育行为（就像高美霞老师那样）。做一个反思型的教师，做一个探究型的教师，做一个创造型的教师，一切的"心动"都源于对教学实践——行动的解读与反思。相信我们在每天的教育孜孜不倦的反思、研究、行动中都能得到提升。

其二是要做一名言行一致的教师：我们身边也不乏这样的老师，从学校和书本中学到很多的理论知识，因而总是拿一些理论去压倒别人，在外人看来好像是个知识渊博的教育家，殊不知他的一些方法都是禁不住实践的，而且许多东西都是想象出来的，不是脚踏实地的出来的。这就是告诉我们，拿来主义要不得，我们要通过自己的行动，反思，再实践，从而形成自己的经验。就像张雪门先生，他的行为课程不是说出来的，更不是想象出来的，而是经过5次课程实验得出的。这就如同张先生所说的切不可"只劳心不劳力"，要在劳力上劳心才能促进教师专业成长。

　　作为一名教师如此，作为教师工作的指导者，更应该向张老师常说的那样：不要把自己当成救世主。我们要像老师引导孩子那样，在指导中多问一问自己：老师们得到了什么？教研活动与指导是否有预见性？才能够促进教师真正的专业发展。

　　（资料来源：张燕主编，《幼儿教师学习共同体建设：绿叶工作室的成长历程》，北京，北京师范大学出版社，2012：第316～319页）

　　此外，还有很多好的视频资料可以作为幼儿园教研活动的素材，从观看视频中去认识儿童、感悟教育、汲取鼓励、收获感动。视频资料比文字化的资料具有视觉的可观性、情节的可感性，给人深刻的心灵冲击。幼儿园教研活动可以组织教师一起观看相关的影视资料，讨论视频中印象深刻的画面、寻找教育的真谛。

　　推荐的视频看：《看上去很美》《小人国》《草房子》《小孩不笨》《死亡诗社》《儿童游戏权利宣言》《肖申克的救赎》《幼儿园》等。有一些视频虽然反映的是社会问题，但对教育有更深刻的启示与思考。

　　1. 观看视频之前，教研负责人可以简单地对视频背景进行介绍。

　　2. 结合视频的内容事先提出几个与教研主题相关的问题，让教师带着问题观看。

　　3. 观看后的讨论，允许教师从多个角度谈自己的观看感受，鼓励教师提出疑问和发现。教师讨论的过程也是相互启发，思想碰撞的过程。

　　4. 观看后鼓励教师写下观看的感受，再一次引发教师的思考。

　　幼儿园还可以根据自身条件为教师提供外出参观、学习、交流的机会，扩展教师的视野。

　　总之，幼儿园教研活动的开展要避免形式化，而是根据实际情况，采取适宜的形式，激发教师的积极性和提高实际效果，从而实现教学研合一，使教师成为自我成长的主人，在反思中成长，真正发挥教研活动促进教师专业成长、提高教育质量的作用。

※　　　※　　　※　　　※

实践运用

1. 收集幼儿教师在教育实践中遇到的问题，就这些问题设计园所教研的行动研究计划。

2. 反思回顾你的自我专业成长之路，有哪些印象深刻的事件？从中得到了怎样的启发？怎样去满足发展的需求？

3. 坚持每周写一篇教育笔记，让日记成为你专业成长的同行伴侣。

案例分析

案例1　通县农村学前班师资"五法"

北京市通县（现通州区）学前班师资队伍数量少，懂学前教育的教师更少。针对这种现状，该县自1992年以来，采取"讲、看、练、查、研"等方法，对教师进行培训，收到了较好的效果。

"讲"，以《幼儿园工作规程》为指导，对学前班的性质、任务、保育教育内容、儿童身心发展特点、施教原则等认真讲解，使老师们对党的教育方针、政策等有了一定的认识，丰富了幼教理论，掌握了做好学前班工作的基本方针。

"看"，在教学中边讲边示范，使教师听得明白，加深理解。同时，观摩优秀教师的半日工作、教育活动和游戏等，将抽象的教育理论生动化、形象化。

"练"，开展苦练基本功活动，如写出学期日工作计划、半日工作计划；练习幼儿体操、舞蹈、弹唱、手工制作、朗诵等；参加教师六项技能比赛。

"查"，幼教科、教研室的同志们有计划地深入到各类学校视导学前班工作，检验培训效果，了解教师将教育理论转化为教育实践的情况。

"研"，充分发挥教研工作的作用，将视导中查看到的问题作为学习研讨的课题，县、乡（镇）、校教研组在抓教研工作中不断解决了许多具体问题：如克服小学化，幼小衔接中的两个准备等，教师业务素质和保教质量都获得了较大提高。

分析与思考

这里涉及一个农村幼儿教师在职培训的问题。我国城乡幼教师资水平差距较大，当前幼教事业发展对各地幼教师资都提出了更高的要求。农村幼教师资培训工作的顺利开展也就成为当前幼教事业迅速发展的必然趋势和要求。该县在职学前班教师培训的形式为我们提供很好的范例。这五项训练方法特色性较强。以这种方式培训农村在职幼儿教师，符合农村的实际，也能取得预期的效果。而且，五项训练方法中涉及的内容包括了幼教专业训练的大多数基本内容，给幼儿教师提供的是一种相对比较系统的培训，对教师的成长和水平提高应该是有直接效果的。

思考：

1. 谈谈本地区在农村幼教师资培训上的举措。

2. 结合本案例，分析它对本地区实行农村幼教师资培训的启示。

（作者/任俊立，分析整理/罗佩珍，案例选自《学前教育》1995 年第 7～8 期）

案例 2　小李岩发脾气之后
朱丽芳

"老师，你看小李岩，她抢我的凳子！"黄蕊撅着小嘴巴告诉我。我一看，小李岩和黄蕊背靠背坐着，小屁股硬要赖在黄蕊的凳子上。黄蕊死命地推着小李岩，不让她占着自己的另一半凳子。看起来这显然就是小李岩不对。明明有凳子，为什么硬要和其他小朋友挤在一个小凳子上呢？两个人这样坐着都不舒服，难怪黄蕊要提意见呢！"小李岩，自己去拿小凳子，一个小朋友和一个小凳子做好朋友。"我引导小李岩。可是小李岩偏偏和黄蕊铆上了劲儿，就是不肯去搬凳子，小屁股死命地赖在黄蕊的凳子上，两个小朋友争持不下。

这时候，在一旁的小李岩妈妈看不下去了，今天下午当班的家长是孙鹏的妈妈程老师。小李岩妈妈因为家里的摊位在整修，也过来了。一看女儿这么不讲理，老师引导了也不听，小李岩妈妈就急了，伸手就去把小李岩拉开。这下小李岩可得势了，一看妈妈来拉她，反而越加地耍赖，不肯离开小凳子。小李岩的妈妈火了，用力地把她拽起来，小李岩这下彻底地发起了脾气，索性撒开了，放开嗓门大哭，同时还用手去打妈妈。

我在一旁看到任性、无理取闹的小李岩，顿时非常生气，明明是自己不对，还打妈妈，她的哭声让在屋子里活动的其他的小朋友都分了神，大家都看着她。为了不影响其他小朋友，我一把抱起小李岩，走到院子里。小李岩挣扎着，挥舞着小手，抓了我的脸和手。小李岩的妈妈一看小李岩对老师"动手"，就更生气了，同时表现出非常愧疚的神情。我顾不上痛，把小李岩放下，她顺势赖在地上。还是一脸的不认错，依旧大哭。于是，我厉声地让她不许哭泣，并训斥小李岩，指出她的不对之处：自己不去搬凳子，硬要和别人挤一张凳子，还冲妈妈发脾气、打老师。小李岩理亏，可是她不管，依旧哭着。我一下没了辙，面对这样大脾气的孩子，有点泄气了，她妈妈在一边也不知道该如何是好。

正在这时，孙鹏和他妈妈来了，小小的孙鹏蹲在那里，用同情的眼神看着赖在地上哭的小李岩。孙鹏的妈妈程老师蹲下身来，一脸的微笑对小李岩说："小李岩，你别哭，你看我们家孙鹏正看着你呢！你羞不羞呀？"小李岩看着孙鹏看着她，似乎有点不好意思了。"你看，我的手上拿着的这个是什么呀？等会儿我教你折！"孙鹏妈妈的手上拿着下午要教小朋友们折的"蝉"。这时候小李岩停止了哭泣，眼睛盯着孙鹏妈妈手上的折纸。"这个给我！"小李岩的注意力已经被这个折纸作品给吸引住了。"你起来，跟着我一起回教室，我教你折。这个送给你了！"孙鹏的妈妈爽快地答应了，并把小李岩拉起来，带着她回教室了。

看着刚才还大发脾气的小李岩，经过孙鹏的妈妈的调解，现在终于平静了下来，我和小李岩的妈妈松了一口气。

分析与思考

1. 小李岩的脾气为什么这么大？小李岩自小在北京出生，一直都和爸爸妈妈待在一起。虽然还有一个大她三岁的哥哥，但是哥哥在老家，由爷爷带着，与父母的感情比较疏远。夫妇俩非常疼爱身边的女儿，在小李岩身上寄托了特别大的期望，觉得小李岩聪明、记忆力好。李爸爸不止一次在我面前夸赞：教她念儿歌，一遍就会了。爸爸妈妈平时忙于照顾生意，对于小李岩的要求总是百依百顺，因此她在家就非常地任性，想要的东西得不到的话，就以无理哭闹来寻求满足，爸爸妈妈一般都会满足她。长此以往，在爸爸妈妈的偏爱下，她养成了任性的脾气。父母的偏爱助长了孩子的任性。

2. 面对任性的孩子，志愿者教师该怎么办？我和孙鹏妈妈一个扮黑脸、一个扮白脸，终于平复了一场哭闹。比起我们这些学生来说，有育儿实战经验的家长老师在面对孩子的哭闹和无理行为有其独特的处理方式，这也提醒我们应重视家长的育儿经验和能力，互相补充和学习。

拓展阅读

柴静成长留给教育的启示(节选)

专业成长需要柴静那种"接近自身极限"的那种韧性与挑战。柴静从小到大都是班上最普通的孩子，只喜欢在本子上抄诗词，"她不跟别人竞争，但跟自己较劲。她的从不懈怠，并非来自外界的'期待'或'要求'，她只为自己内心的标准一日一拱卒。"柴静的一些经历，我们身边的教师可能类似的也有。只是，我们在平日极其平凡的课堂、作业批改、琐碎的班务工作中热情很容易被耗尽。我们常常忘记了自己最初的愿望，我们只是太注重眼前所谓的"成功"——一个公开课的圆满、一次评优的落实、一个奖项的获得等。对于这样"成功"践行，很容易满足，甚至自己给自己"封顶"了。

我们这些年轻教师也是容易一味地眼睛向外，对于专业而言。过多的教师培训留下的名师意识，不但不能使我们在内心真正树立榜样与引领意识，反而容易产生为难与自卑情绪。我们不能够对自己专业发展做出规划，我们太多地随波逐流，人云亦云，没有好多是自己的真正的东西。我们习惯着"参考书"上的本本课堂，过多地沿用着像"课程表"那样的程式化生活，内心似乎寂静得如"一潭死水"。因为我们容易"满足"，容易"妥协"，容易"放开嗓门"，容易"阳光微笑"。其实这些，没有多少是属于自己的东西，那种源自内心流淌的东西。心灵的荒芜，不是一句空话；精神的贫瘠，也不再是句妄言。在日复一日的习惯中，我们很难有自己的成就，反而年复一年地成就了自己的"教师形象"。我们实现了好多自认为的"成功"，但我们短暂的快乐很快地消逝。我们更多地追逐别人也在追捧的东西，我们忘了自己的当初，看不到自己的原点，更找不到自己真正的"下一站"在哪里。"不跟别人竞争，但跟自己较劲"启示我们更多地要认识自我，回归自我，发展自我；这也是一种"回归自然中的我"。我们需要回归一种"简单的思维"：简单地生长，朴素地生活，也许真正是一种自我的需要，专业领域也不例外。

有着自己切实地努力，对自己内心想法的最大接近的行动，充实着自己，充盈着心灵，使自己专业成长获得了幸福——就此而言，教师专业成长最为需要一种自我挑战、自我发挥、自我实现的劲头。"众里寻他千百度，那人却在灯火阑珊处"。原来这个人，不是别人，就是与你朝夕相处的自己。找回自己，找回自己精神圣地，对于教师的专业领域的发展，确实需要，也很重要。"她只为自己内心的标准一日一拱卒"——这样日践日行的你，还怕什么目标不能抵达？这样的你，日后还怕没有"灯火阑珊"的炫彩吗？

专业成长需要柴静那样的"实干"与"求真"。柴静说过，她自己做不到圆滑，她只能、更是必须对大众负责。作为记者，她不会争着第一时间把报道写好，而是一点一点地逼近真相，让观众看到一则真实的新闻。柴静说过一句真言："不曾长夜痛苦的人，不足以谈人生。"

柴静用自己真实的行动接了地气，参与了世界，长天大地，用力摔打自己，她身上的娇气被一层层剥下。在她的眼里，只有在失败感中生活过的人，才知道什么是幸福。她实干，不喜欢只把志向挂在嘴边。回看自己身边的年轻教师，对自己专业的成长，会出现三分钟热度现象：听一次报告，制订一个计划；观一次名师课，会几宿没有睡意。但终究会过上一段时间，就扔下了计划；翻来覆去和名师比较几回，认为自己没有那些天赋就此搁浅了。好多教师都喜欢到条件好一些的地方教书。可是，他们费尽心思到位后，却忘记了自己应该继续前行。更多的教师在日复一日的岗位上重复着自己，枯竭着心灵，教书的不再读书的大有人在。眼界只是盯着自己的小圈子、小利益、小实惠，没有大的眼界，更没有大的气魄、长久行动。甚至在自己的岗位上消极怠工，疲于应付，不思进取，甘于落后；职业倦怠感怎么不日渐浓厚……

柴静没有这样做。她来到央视，面临着新的挑战，一直一不服输的心态在应对，有时候为了完成一个节目，往往是连续加班，从不放弃。为了不让自己放松前行，她常会对自己说："不信咱们问问自己，我是谁？我们到底要做什么？"这些发问，同样可以拿来问问自己：当初你刚入职的时候的激动还有没有？第一次走进讲台的幸福感还有没有？面对孩子们一张张可爱笑脸的时候你的那份责任感还有没有？我们最大的可能是自己和自己的妥协；我们最大的可能是日益麻痹了自己；我们最大的可能是自己失去一种梦想的力量；我们最大的可能是自己失去心灵成长的自由。甚至我们不再敢于真实地面对自己，更不用说能够找到自我实现、人生价值了。喜欢柴静说的一句话：真实的人性有无尽的可能。善当然存在，但恶也可能一直存在。歉意不一定能弥补，伤害却有可能被原谅，忏悔也许存在，也许永远没有，都无法强制，强制出来也没有意义。非常同意，人的一生，本来就是善良与罪恶，人性与兽欲不断交织不断干戈的过程。

专业成长也需柴静那样有着"看见自己的足迹"的力量。用心记录自己成长的感动。《看见》是柴静十年工作成长的足迹，也是她十年工作的积淀。几十万字的书稿，一定花费了她好多时光好多心血，她给自己的人生留下了一份厚实的答卷。这也是她个人的文字魅力，个人的文化力量。就像我前几年听说过的一句话，好的教师不仅能读，还要能写，这倒是真的。读多了，读勤了，还要能够思考，还要勤于拿笔来写。读写实践很是重要，对于年轻的教师。这让我想到我们身边的许多教师，他们虽然经常遇到一些可以记录下来的工作反思、教育案例等，可是，有的人会熟视无睹，有的人会懒于动手记录，因此长期下来，自己的业务荒废了，自己的人生没有任何厚度。

从某个程度上说，呵护心灵，激发正能量，可能真的是非常必要，也确实是时候了。如若不然，与教师日复一日年复一年对应着一个"冷板凳"的职业，"不进则退"的暗流会真的淹没每个教师。说真的，一些教师只是还能够在黑板上写写字，再就是抄抄别人现成的教案，平时真的很少思考专业问题，长此以往就是这样麻木自己，也是封闭了自己，使自己失去了专业思考能力，失去了自己一隅精神领地，失去了最为珍贵的内在的自我生长的力量。长天大地，蓝天白云，我们行走着自己的躯体，我们更是要有着自己长青不老的精神思想，这是柴静让我们知道的，边学习，边工作，边思考，边记录，留下一份感动给自己，也把自己的感动留给身边的人——"有些笑容背后是咬紧牙关的灵魂。"柴静会用心地诉说。

"火柴的柴，安静的静"，柴静的粉丝还是喜欢她的这样自我介绍。这个沉静燃烧的意象，年轻人真的需要。做一根根小火柴，朴素而安静，用心生活，用脑思考，并随时在教育生活中擦出火花，点亮一个个孩子的成长之梦，还有什么比这样的事业更伟大？

（选自杏坛听雨 V 的新浪博客）

参考文献

1. 《3～6岁儿童学习与发展指南》，教育部令[2012]第4号.

2. 《国家中长期教育改革和发展规划纲要(2010—2020年)》之"学前教育发展任务"，国发(2010).

3. 《国务院关于当前发展学前教育的若干意见》，国发[2010]第41号.

4. 《幼儿园管理条例》，教育部令[1989]第4号.

5. 《幼儿园工作规程》，教育部令[2016]第39号.

6. 中国学前教育研究会. 中华人民共和国幼儿教育文献汇编. 北京：北京师范大学出版社，1999.

7. 张雪门. 幼稚园教材研究 幼稚教育新论. 北京：商务印书馆，2014.

8. 徐爱晖. 温州幼教模式见证社会力量办幼教历程. 北京：北京出版集团公司，2014.

9. 徐建奇. 四川省农村幼儿园教育研究. 成都：西南财经大学出版社，2014.

10. 张燕. 幼儿园管理. 北京：人民教育出版社，2013.

11. 张燕. 蒲公英非正规学前教育丛书：幼儿教师常用资料包. 北京：北京师范大学出版社，2013.

12. 张燕. 蒲公英非正规学前教育丛书：家长育儿读本. 北京：北京师范大学出版社，2013.

13. 张燕. 蒲公英非正规学前教育丛书：幼儿教师培训手册. 北京：北京师范大学出版社，2013.

14. 晏红. 幼儿园家庭教育指导形式与方法（万千教育）. 北京：中国轻工业出版社，2013.

15. 陈鹤琴. 家庭教育. 武汉：长江文艺出版社，2013.

16. 莫源秋. 做个幸福快乐的幼儿教师——为你的专业成长支招（万千教育）. 北京：中国轻工业出版社，2013.

17. 张燕. 幼儿教师学习共同体建设：绿叶工作室的成长历程. 北京：北京师范大学出版社，2012.

18. 宋文霞、王翠霞. 幼儿园一日生活环节的组织策略. 北京：中国轻工业出版社，2012.

19. 〔苏〕马卡连柯著，丽娃译. 家庭和儿童教育. 上海：上海人民出版社，2011.

20. 张燕. 非正规学前教育的理论与实践——基于四环游戏小组的探索. 北京：北京师范大学出版社，2010.

21. 张晗. 活教育思想与幼儿园教育实践. 合肥：安徽少年儿童出版社，2010.

22. 〔日〕岸井勇雄著，李澎译，李季湄审校. 未来的幼儿教育——培育幸福生活的能力之根基. 上海：华东师范大学出版社，2010.

23. 〔日〕大宫勇雄著，李季湄译. 提高幼儿教育质量. 上海：华东师范大学出版社，2010.

24.〔日〕高彬自子著，王小英译，李季湄审校. 与孩子们共同生活——幼儿教育的原点. 上海：华东师范大学出版社，2010.

25.〔日〕津守真著，刘洋洋译，李季湄审校. 幼儿工作者的视野——置身教育实践的记录. 上海：华东师范大学出版社，2010.

26. 张燕. 四环游戏小组的故事. 北京：北京师范大学出版社，2009.

27. 郭文英. 架起家园共育的彩虹桥. 北京：北京师范大学出版社，2009.

28. 柳菇. 在快乐发展中做最好的自己. 北京：北京师范大学出版社，2009.

29. 何桂香. 成长在路上——幼儿园新教师必读. 北京：农村读物出版社，2009.

30. 张雪门. 张雪门文集（上、中、下）. 北京：北京出版社，2009.

31. 朱家雄. 记录，让教师的教学有意义. 福州：福建人民出版社，2008.

32. 钱理群. 乡土中国与乡村教育. 北京：长安出版社，2008.

33. 顾荣芳. 从新手到专家——幼儿教师专业成长研究. 北京：北京师范大学出版社，2008.

34. 高美霞. 爬上豆蔓看自己——新黛瑞拉的教育日记. 北京：北京师范大学出版社，2008.

35. 张燕. 在反思中成长. 北京：北京师范大学出版社，2007.

36. 袁爱玲，何秀英. 幼儿园教育活动指导策略. 北京：北京师范大学出版社，2007.

37. 张燕. 幼儿教师专业发展. 北京：北京师范大学出版社，2006.

38. 李崇建. 移动的学校——体制外的学习天空. 台北：宝瓶文化事业有限公司，2006.

39. 金林祥、张雪蓉编注. 陶行知教育名著：教师读本. 上海：

上海教育出版社，2006.

40. 张文质，林少敏. 保卫童年——基于生命化教育的人文对话. 福州：福建教育出版社，2004.

41. 张燕，邢利娅. 幼儿园管理案例及评析. 北京：北京师范大学出版社，2002.

42. 邢利娅、张燕主编. 幼儿教育管理理论与实践. 北京：北京师范大学出版社，2002.

43. 朱慕菊. 学前班教师手册. 北京：北京师范大学出版社，2002.

44. 朱慕菊. 学前班管理手册. 北京：北京师范大学出版社，2002.

45. 方明. 根深才能叶茂. 北京：北京师范大学出版社，2002.

46. 吴晓燕. 走进童心世界. 北京：北京师范大学出版社，2002.

47. 吴相湘. 晏阳初传. 长沙：岳麓书社，2001.

48. 李季湄. 幼儿教育学基础. 北京：北京师范大学出版社，1998.